叢書刊行の辞

二一世紀も一〇年を過ぎた今日、わたくしたちは、如何なる文明の萌芽を見出しているのか。新たな文明を構築せんとしているが、依然として混迷の時代に生きている、これが実感ではなかろうか。

過ぎ去りし二〇世紀は、貧困からの解放と物質文明の時代であった。この文明に大きく寄与したのは企業であり、その世紀は物質経済を中心とした企業文明でもある。その企業経営を主な研究対象とした経営学は、まさに二〇世紀の学問である。

は現実の経営の世界とともに生き、歴史を刻んできた。これまでの経営が、時代の流れに沿ある時には時代の流れに立ち向かってきたように、経営学もまた、時々の経営と相携えながる時には、時代を生み出す経営の理論化を試み、またある時には、現実の経営の批判を通しの問いかけを行ってきた。

うに経営学は、その成立以来、現実の経営の世界からの要請に応えるような形で展開し、そ解決に向けて関連する諸分野の知見を統合する学問として時代に応えてきた。日本において「ドイツに、肉をアメリカに」求めた経営学研究であったが、社会科学を標榜しつつも、基本的には現実の経営の世界からの実践的要請に応え、現実の経営とともに物質文明への貢献をなしてきた。そして、物質の豊かさを謳歌さえすればよかった時代が過ぎた今、わたくしたちには、物質文明の負の遺産を背負いつつ持続可能な社会を実現しうる、二一世紀の新たな文明の構築が求められている。それは同時に、二〇世紀とともに生きてきた経営学の存在を問い直さねばならないということを意味している。

経営学の存在を問い直すこと、それは、これまでの現実の経営がその時代の中で生かされてきた「生活世界」――これは、科学の根源的基盤でもある――に眼差しを向けて経営の存在を問い、そこに経営学を基礎づけ、その歴史を顧みることである。歴史は過ぎ去ってはいるが、今ここに、経営学の現在の基礎として存在する。そして未来も現在のうちにあり、創造しうる未来は関連する過去を契機とするものに他ならない。それゆえに、今ここにあるわたくしたちは、二一世紀という未来への契機となすために経営学の歴史を紐解くことが要請されよう。

このような時機に、二〇一三年に創立二〇周年を迎える経営学史学会は、その記念事業として全一四巻の『経営学史叢書』を刊行することとなった。この『叢書』では、経営学の百有余年の歴史の中で批判を受けながらも今日なお多大な意義を有し、かつ「二一世紀の来たりつつある文明の諸相と本質を見通しうる視野を切り拓く」学説・理論を取り上げる。

各巻の基本的内容は、次の通りである。

（一）　学者の個人史を、時代的背景とともに明らかにする。

（二）学説の紹介には、①学者の問題意識と研究課題、及び対象への接近方法、②学説を支える思想、また隣接諸科学や実践との関連性、③学説の歴史的意義と批判的評価、を盛込む。

（三）学説のその後の展開を示し、二一世紀の課題に対する現代的意義を明らかにする。

『叢書』は、初学者を対象としているが、取り上げる学者の思想に基づく〝深み〟と、実践的広がりに基づく〝豊かさ〟を実現、研究者にも注目される水準を維持することを目指している。

各巻の責任編集者には、学会の叡智を結集する執筆者を選定し、『叢書』刊行の趣旨の理解とその意図を実現する、という多大な要求をすることになった。本書が経営学史学会に相応しい『叢書』であるならば、それは偏に責任編集者の貢献によるものである。

叢書編集委員会は、単に企画するだけではなく、各巻に「担当者」として委員を配置し、責任編集者と連絡を取り、巻の編集の開始から進捗状況の把握、刊行に至る過程全体に責任を持つという体制をとった。とくに河野大機編集委員長には、叢書全体の調整に腐心をいただいた。その尽力に深く感謝申し上げたい。また、前野　弘氏、前野　隆氏、前野眞司氏はじめ株式会社文眞堂の方々には刊行の全てに亘ってお世話になった。ここに感謝申し上げる次第である。

ますます混迷を深める二一世紀に向けた新たな文明の構築に、この『経営学史叢書』がわずかでも貢献することができれば望外の喜びである。

二〇一一年一一月二〇日

編集統括責任者　吉原　正彦

二〇一三年一月二八日、本叢書の編集委員長・河野大機氏が急逝された。河野氏は、その細やかなお人柄に相応しく、叢書の企画段階から、一巻一巻の刊行に至るまで、深いお心遣いをされ、全一四巻が刊行される最後の第四回配本を、誰よりも待ち望んでいた。ここに心より哀悼の意を捧げる。

『経営学史叢書』編集委員会

経営学史学会創立20周年記念

経営学史叢書 XIII

日本の経営学説 I

経営学史学会監修

小笠原英司［編著］

文眞堂

増地庸治郎
(1896-1945)

上田貞次郎
(1879-1940)

馬場敬治
(1897-1961)

藻利重隆
(1911-2000)

池内信行
(1894-1972)

高宮　晋
(1908-1986)

古川栄一
(1904-1985)

写真提供

上田貞次郎
　一橋大学附属図書館提供。
増地庸治郎
　増地昭男氏提供。
池内信行
　関西学院大学池内記念館提供。
藻利重隆
　藻利重隆先生古稀記念論文集『企業管理論の基本問題』千倉書房、一九八一年より転載。
馬場敬治
　馬場準一氏提供。
古川栄一
　古川栄一先生古稀記念論文集『現代企業の基本問題』同友館、一九七四年より転載。
高宮　晋
　高宮洋子氏提供。

日本の経営学説Ⅰ・Ⅱ　まえがき

経営学史叢書の最後に配置された第一三巻と第一四巻は、二つの巻をもって日本の主要な経営学説の紹介と検討にあてられている。

目次を見るとわかるように、この二つの巻では日本の複数の経営学者が取り上げられており、他の巻のように、原則として一人一巻というスタイルを取っていない。その理由は二つある。

一つには、日本の経営学史叢書として、現段階で日本の経営学史をある程度包括的に、かつ可能な限り体系的に総括したものにしたいという願いからきている。ここ日本にありながら、日本の経営学説がどのような理論地図にあるかということは、案外知られていないように感じられるからである。

第二に、日本の経営学者を特定の二・三人に絞り各一巻を充てることは、現在のところ極めて難しいという事情があり、日本の経営学説を二巻のなかで十二・三人に絞り込んで、各一章を充てる次善策を採らざるを得ない。人選は議論を重ねて絞り込んだが、それでもまだ意に満たない。

二つの巻の編者は、緊密な連絡を取りながら、日本の経営学説の全体を四つの柱に括って整理して、取り上げることとした。①ドイツ流の経営経済学に強く影響されながら理論展開をしようとした系譜、②アメリカ流の経営管理理論・組織論の影響を強く受けて理論展開をしようとした系譜、③単なる経営管理理論・組織論でもなく、単なる経営経済学でもなく両者を総合して取り込んだ統一的「経営学」を指向した学者の系譜、④批判的経営学の系譜、の四つの流れである。

ここに取りあげた学者は、大家ばかりであるから、当然、経営学全般に目配りをしていることは当然である。したがって、うえの四つの分類枠組みの一つだけに入れて扱うには入りきらないという面も多少は出てくることにならざるを得ないが、あくまでも各学者のもっとも特徴的な指向性、展開内容などに着目して分類したのである。また、取り挙げる学者は、すでに鬼籍に入っておられて、業績や主張の全体が確定している方々に限定することとした。

前二者①②は第一三巻で、後二者③④は第一四巻で取り上げることとし、第一三巻は小笠原英司が、第一四巻は片岡信之が、それぞれ編集責任者をつとめることにした。相互に緊密な連絡は取ったものの、どの学者を取り上げて誰に執筆して戴くかについての最終的な判断はそれぞれの編者に委ねた。

二つの巻を通しての全体的な姿は次の通りである。

第一三巻　日本の経営学説 I
（経営経済学を軸とした系譜）
一　上田貞次郎と増地庸治郎

二　池内信行
三　藻利重隆
（経営管理論・組織論を軸とした系譜）
四　馬場敬治
五　古川栄一
六　高宮　晋

第一四巻　日本の経営学説 Ⅱ
（本格的経営学を指向する理論的系譜）
一　本格的経営学を構想する系譜の概要
二　平井泰太郎
三　山本安次郎
四　山城　章
（批判的経営学を指向する理論的系譜）
五　批判的経営学の系譜の概要
六　中西寅雄
七　北川宗藏

八　馬場克三

それぞれの巻についての、それぞれの系譜の全体像の概説は、各巻の編者が行うこととし、代表的論者を取り上げただけではかならずしも見えてこない可能性のある各系譜の大きな流れと特徴を示すこととした。

限られた頁数のなかで、各系譜の全体像・特徴と代表的な論者の議論の紹介をともに示したいという編者達の狙いが成功したかどうかは、読者の判断に委ねるほかない。願わくは、これが契機となって、日本の経営学史にも関心を持っていただく人が、若い研究者の中から出てくる事を念じている。

なお、第一三巻第一章の第二節「増地庸治郎」を執筆された河野大機会員（本叢書編集委員長）が、本書の刊行を見届けることなく急逝された。痛恨の極みと言うほかない。先生の御霊に、謹んで本書を捧げたい。

（小笠原英司
　片岡　信之）

目次

序章　経営経済学と経営管理学
――骨はドイツ、肉はアメリカ――

第一節　はじめに

「まえがき」に記したように、経営学史叢書第一三巻および第一四巻は『日本の経営学説』を特集し、日本経営学史百年のなかに大きな足跡を残した「日本の経営学説」のなかから一三名を取り上げ、それぞれの概要を示したうえで、その特色を明らかにしつつ経営学史上の意義を探求しようとするものである。そのうち本書第一三巻は、日本経営学を「まえがき」で述べた経営経済学系と経営管理学系に区分し、前者を代表する経営学説として、上田貞次郎（一八七九～一九四〇）／増地庸治郎（一八九六～一九四五）（第一章）、池内信行（一八九四～一九七二）（第二章）、藻利重隆（一九一一～二〇〇〇）（第三章）を取り上げ、後者を代表して馬場敬治（一八九七～一九六一）（第四章）、古川栄一（一九〇四～一九八五）（第五章）、高宮　晋（一九〇八～一九八六）（第六章）の経営学説を取り上げている（括弧内は生没年）。もとよりドイツ経営学系、アメリカ経営学系の経営学研究はこれら少数の経営学者に限定されるものではないが、本叢書の紙幅上の制約のため厳選に厳選を重ねて絞られたものである。選外となった学説を推す立場からすれば異論があるとしても、少なくとも、本書で取り上げる七名の先達の業績が日本経営学の代表学説であることを疑う者はいないであろう。因みに第一四巻では、中西寅雄（一八九六～一九七五）、北川宗藏（一九〇四～一九五三）、馬場克三（一九〇五～一九九一）、平井泰太郎（一八九六～一九七〇）、山城章（一九〇八～一九九三）、山本安次郎（一九〇四～一九九四）の諸学説が取り上げられる。

言うまでもないことながら、第一三巻および第一四巻で取り上げられる上記一三名は「日本経営学」の生成期から揺籃期に位置する先達である[1]。彼らは主として昭和戦前期、一九二〇年代から四〇年代にかけて学界に登壇し、それぞれの立場から自らの信じる経営学説を打ち出して「日本経営学」の形成に寄与し、戦後の日本経営学の発展基盤を確かなものにした人々であった。それぞれの経営学説に対する論評は各執筆者に委ねるが、各自の学説において主題としたことはそれぞれ異なっていても、彼らに共有されていた基本的問題意識は「経営学とは何か」という経営学理の根本問題に向けられていた。彼らは経営学という新しい学問をどのような学術として確立することができるかという課題を抱え、苦闘した人々であったと言えるであろう。そして彼らに続く、特に日本経営学界の第三・第四世代にとっては、先輩や師匠に当る人々が指し示した方位は、自分たちのその後の進路を決定づけるものとなった。

本書の序論として述べることは限られている。ここでは、次の一点に絞って管見を述べたい。それは、本書に登場する諸先達が提起した「経営学とは何か」という問題はいまなお「経営学」の課題であり続けているということについてである。この経営学のアイデンティティをめぐる問題はいくつかの具体的問題を内包しているが、そのなかで中心をなすのは「経営学の自律性」についてであり、より直截的に言えば「経営学は経済学や否や」の問題である。

第二節　経営経済学と企業経営学

わが国における経営学研究は、「戦前はドイツ、戦後はアメリカ」と言われるように、ドイツ経営学（経営経済学）とアメリカ経営学（経営管理学）という二大潮流のなかで成長し発展してきた。このことはわが国における他の学問分野と同様、輸入学としての経営学の出自を示す一面ではあるが、山本安次郎（経営学史学会元顧問、第一四巻所収）は、「経営学ぐらいnationalismの学問はないように思われる」が、「わが国は、ドイツ経営経済学に依拠して来たばかりではなく、アメリカ経営管理学その他をも取り入れ消化しているほとんど唯一の国といえる」と述べ、国別経営学の対立を統一して「本格的な経営学の基礎理論を建設することがわが国経営学の世界史的使命である」と日本経営学の特質と意義を評価している。(2)ただし、ここで山本が「本格的な経営学」と述べるのは、山本においては自らが主張する「経営の学としての経営学」を意味するのであるが、ドイツ経営経済学とアメリカ経営管理学をいかに統一するかの相違がまさに経営学説の分かれる所以であって、特に経営学の対象と方法をめぐる経営学理の問題は、いまなお一枚岩に統一されているわけではない。

ここで、この序章の副題を「骨はドイツ、肉はアメリカ」とした意味について述べておこう。この表現は第一章で取り上げた増地庸治郎が、「骨をドイツから取り、肉をアメリカに求めて、その地盤の上に漸次研究を重ねて来たのが、今日のわが経営経済学である」と自身の経営学形成の由来を述べたことに発している。[3] しかしながらここで留意すべきは、増地の「経営経済学」はドイツ経営経済学とアメリカ経営管理学の双方を基盤としたうえで形成されてきたものであること、特に、（戦前の）アメリカ経営学の成果を積極的に取り入れているということである。前記のように、日本経営学の方向は全体の趨勢としては「戦前はドイツ、戦後はアメリカ」ということになるが、本書および第一四巻で取り上げる日本経営学の先達は、増地に限らず、ドイツ経営学とアメリカ経営学の二本足で自らの「経営学」を立ち上げようとしていたのである。したがって、本書の構成を（Ⅰ）経営経済学系（上田／増地、池内、藻利）と（Ⅱ）経営管理学系（馬場、古川、高宮）とに区分するとはいえ、それはドイツ経営学派とアメリカ経営学派とに明白に峻別されるという意味ではない。（Ⅰ）と（Ⅱ）の相違は、ドイツ経営学とアメリカ経営学の合弁の上に構築された諸氏の経営学説の指向性が、全体として経営経済学的であるか経営管理学的であるかという点での相対的差異にすぎない。

今日経営学は、「企業」という特殊事業組織体を専門的に研究対象とする個別社会科学として自己認識し、そのように見做されてもいる。経営学の前身である商業学の時代から、経営学の生成と展開は産業の発展と不可分であり、企業あっての経営学という歴史的事実関係を否定することはできない。経営学が産業の担い手たる企業を研究対象とすることは、社会の要請であり歴史的必然でさえあった。明治末期から大正期に至り、日本の産業は工業が主役となり近代工場が制度化しつつあった。そうしたなかで、商業学としての経営学は高等教育機関（特に高等商業学校）における専門科目としての体系化を目的として、ドイツの商科大学における経営経済学研究にその範を求めたのであった。この点産業化社会の時代的要請とはいえ、わが国における経営学化の動因は、アメリカにおいて顕著であったような産業界内部での実学的・技術論的要求とは事情が異なり、学校教科先行型ないし学術志向型であったという点ではドイツに近く、高等商業学校や大学の教授達による学術的論争が生成期経営学の特徴であった(4)。それは本叢書第一三巻および第一四巻に登場する一三名が、ドイツと同様例外なく学界人であり大学教授であった点に象徴されている。当時、ドイツ経営経済学の移植に積極的な役割を果たした先達者として、渡辺銕三、向井鹿松、佐々木吉郎らの名も忘れてはならない(5)。

いずれにしても、経営学が産業主体としての企業組織体に対象限定してきたということは、経営学の歴史とその学術的特性を理解するうえで最も注目すべき点である。しかも、経営学のようにある特定種類の組織体に限定して対象とする学は、他には見られない。例えば行政学、教育学、宗教学はそれぞれ行政官庁、学校、教会を対象に含むとはいえ、行政学は官庁学ではなく、教育学は学校学ではなく、宗教学は教会学ではない、と言わざるを得ないだろう。つまり経営学が企業学であることは、すでにそのことがこの学の社会科学上の特性ということになる。かくして企業経営学は、これまでのところ経営学の主流派の座を占めているが、少数派ながら、対象を企業組織体に限定しない「一般経営学」や「広義経営学」の立場も主張されている。一般経営学とは、例えば上記の官庁組織、学校、病院、軍隊、教会といった非経済的事業組織体を含む各種団体を「経営体」という概念で一般化し、これを対象とする経営体一般の学を経営学とする立場である。古くはすでに平井泰太郎が経営学の対象を家政と国家を含むすべての単位経済に広げる主張を展開した(6)。さらにこれに近似的ながら非なるものとして、企業を含む各種団体のそれぞれを対象とする複数の特殊経営学の総体を「広義経営学」とする立場が想定され、現に主張されている。その代表者として山城章がいる(7)。ただし各種の「特殊経営学」が成立する可能性があるとは言え、現段階ではそれらが企業経営学と同じ程度に展開されているとは言えない。

経営学が企業経営学であることは対象規定の問題にとどまらず、経営学の方法論の問題にも関連することになる。商業諸学として出発した日本経営学が企業学としての体系化を目指すなかで、一足先に経営経済学の基礎を築きつつあったドイツ経営学に学びそれを受容したということは、日本経営学はその時点で「経済学」の道を歩むことを決意したということを意味する。しかし、この「決意」が一片の迷いもない確たる決心であったかと言えば、ドイツ経営経済学を日本経営学の基盤たるべく輸入した上田貞次郎その人が、経営学の自律化と「脱経済学」化の不可避を自覚し苦悩したことに、その心境を察することができる。思えば、わが国経営学の生成期に抱え込んだ経営学理の課題は、その後一〇〇年―上田貞次郎の第一作『株式会社経済論』(一九一三年)は奇しくも出版一〇〇周年を迎える―を経た今日、なお日本経営学の桎梏となって曖昧なまま残されていると言わざるを得ない。経営学が経済学であるということは、経済学のディシプリン・パラダイムを自己のものにするということであり、経営学の展開とその発展の可能性は経済学的範疇に制約されるということを意味する(8)。

戦後日本は、GHQ占領政策によって定式化されたアメリカナイゼーションによる経済・産業復興という国家目標を掲げ、企業、経営、労働をはじめすべての産業システムの合理化と民主化を推進するための理念と方策をアメリカ経営学に求め、急ピッチでその導入に努めた。その流れの中でドイツ経営学の潮流はかつての勢いほどではなかったものの、池内信行、佐々木吉郎のほか、市原季一、鈴木英寿、小高泰雄、そして彼らの後継者たちによってドイツ経営経済学派として受け継がれ、日本経営学の中に確固たる伝統を築いてきたことは、それ自体が日本経営学の特徴と言える。ただしその後は、ドイツ経営学というよりもドイツ企業経営の研究に移行し、その理論基盤も徐々にアメリカ経営学化して今日に至っている。

また、わが国の経営経済学は、本叢書一四巻で取り上げる「批判経営学」というマルクス経営学の系譜を生み出したという点でも世界的にユニークである。かつてマルクス学派はわが国社会科学界の一大派閥であったが、経営学においても一時期まで一定の位置を占めていたのである。ただしマルクス経営学にも諸派あり、個性的な学説がその覇を競って決して一枚岩ではなかった。企業行動の批判的研究は普遍的意義をもつとは言え、マルクス経営学の「批判」は企業の資本主義原理の否定的批判であることを特徴とするゆえに、その批判論理の定型から脱却することは困難と言わざるを得ない。批判経営学はアメリカ経営学の隆盛と反比例するように次第にその訴求力を失いつつあり、最近に至るにつれ、残念ながらその衰微を隠すことができない。これもまた、経営経済学から経営管理学へという潮流のなかにある推移律であろう。

第三節　経営管理学の道

如上のように、日本経営学の通史としては、戦後の大勢はアメリカ経営学の圧倒的優勢で今日まで推移している。しかし冒頭に述べたように、上田貞次郎を筆頭に増地庸治郎、馬場敬治、平井泰太郎、さらに古川栄一、山城章、山本安次郎、高宮晋といった日本経営学の先導者たちは、それぞれの立論の時点ですでに経営管理学的諸問題を経営学の中心課題として位置づけていたのである。経営管理学研究の隆盛は戦後になって突如として勃興したのではなく、そこには上記先達の先見の明と着実な地固めの努力が基盤となっているのである。このことを銘記したうえで、現代経営学を代表するといってよいアメリカ経営管理学における対象と方法の問題を、あらためて考えてみよう。

まずアメリカ経営管理学も、暗黙のうちに対象を企業組織体に限定したうえでそこでの管理機能を問題とする立場が過半という点で企業経営学であるといって誤りはない。前述のように、経営学への社会的要請は産業社会のありようと企業の重要性に依存する。したがって、われわれが「今日のグローバル社会は依然として産業中心社会であり、そこでの主役は依然として企業組織体である。かかる基本構造は二一世紀を通じて継続するに違いない」と見るのであれば、企業研究は今後もその重要性を大きく失うことはないということになろう。かくして、経営管理学が企業経営学であることは社会的な必然となる。では、企業経営学としての経営管理学は経営経済学と同じく「経済学」なのであろうか、それとも経済学とは異なる独立学たり得るのであろうかという問題である。

ただしこの問題は、一筋縄では行かない。アメリカ経営管理学といっても一義的に体系化されているわけではなく、むしろ多くの学派に分かれ「マネジメント・ジャングル」を呈しているなかで、経済学もそのなかで一定の位置を占めているからであり、社会学や社会心理学といった社会諸学を基礎とするアプローチも含まれているからである。しかし、率直に言って、経済学派は重要ではあっても単独では主流派にはなり得ない。(9) アメリカ経営管理学はクーンツの分類による「人間行動学派」「社会システム学派」「意思決定論学派」にまたがる広義の「組織論アプローチ」、特にバーナード（C. I. Barnard）によって開発された「組織論的方法」を方法的基礎としているといって大過ないだろう。即ち、アメリカ経営学は「経済学」ではなく「組織論」をディシプリンとする実践理論科学なのである。経営管理学が企業学だとしても、ここに「非経済学的企業学」としての経営学が成立するのである。現代経営学における組織研究の隆盛を見るとき、ここであらためて、われわれは馬場敬治がバーナードと並行して—しかもバーナードとは没交渉のなかで—理論科学的組織論の基礎枠組を開拓した独創に敬意を捧げざるを得ない。そしてここでの議論にとって特に重要なことは、組織論的管理学説の立脚点が組織と管理の不可分性と、両者の統一として形成される「経営」が経営体の行為主体的要因を構成するという点において、経営学の自律性問題に対する一つの学理的可能性を示しているからである。

ここでもう一度経営管理学の対象問題に戻れば、経営管理学は「非経済学」ではあっても企業経営学として展開されている。しかしそこでの中心的主題と視座はあくまでもマネジメント機能である。マネジメント学としての経営管理学はその対象領域を「非企業組織体」にも拡張する傾性を当初から内包していたと見ることができよう。アメリカ経営管理学の基盤を形成してきた主要なパラダイム学説は、その特殊性を重視するよりもむしろマネジメント機能の共通性に注目してきた。そこから、アメリカ経営管理学をマネジメント一般ないし組織一般の経営学と見なす見解が生じている。例えばクーンツの分類にある「管理過程学派」の祖とされるフランスのファヨール（H. Fayol）の主著『産業ならびに一般の管理』は、「管理の一般理論」を意識しつつ「企業管理論」を提示したものと理解できるし、上記のバーナード管理学説はさらに企業色を薄めた「組織と管理の一般理論」と言える。戦後アメリカ経営管理学の方向に大きく舵をきった日本経営学界は、占部都美、高田馨、桜井信行、藤芳誠一、北野利信といった日本経営学史第三世代の人々を介してアメリカ経営学説の輸入とその批判的解釈に努め、そのなかで今日の日本経営学界の現役世代が育成されてきたのである。わが国の経営学研究が「学説研究」という特徴を持つのは、輸入学問としての宿命であり戦前からの伝統である。

しかし、日本経営学界にも八〇年代以降急速に変化が見られるようになった。それは組織現象の実証的研究であり、企業行動の記述科学化である。(10) つまり、現代経営学ないし近年の経営研究は、再び企業経営学（企業行動研究）に回帰していると見ることができる。八〇年代の日本的経営全盛期と九〇年代以降のバブル崩壊期から二〇〇〇年代のデフレ期に至る三〇年間の経営環境の落差は大きいが、「日本経営」の喧伝であれ、その立て直し論であれ、産業界の期待・要請に応えようという動機がその中心にあったと言えよう[11]。

他方では、現代社会において企業の存在は依然として大きいとしても、企業のみが突出して圧倒的な地位を占めた時代は、もはや過去のものとなった―かかる時代は、経済先進社会ですら二〇世紀に特殊な一時的な現象にすぎない―という見解さえある[12]。それが正しいとすれば、企業と企業以外の各種組織体との存在格差は、今後さらに縮小する―特に世界的な少子高齢化の進展の中で、学校と病院の重要性は高まりこそすれ低下することはない―と見ることもできる。この現状認識に大過ないとすれば、経営学が企業に対象限定する必然性は徐々に低下しつつあると言えるだろう。現象的にはともかく、少なくとも原理的には、企業の地位は人間生活のワン・オブ・ゼムにすぎない。いまさら言うまでもないことながら、人間の活動領域は多様であり生活領域は多面的である。生活財の入手（経済財の供給と購買活動）に関わる企業活動は、人間生活にとって重要ではあってもその一部にすぎない。企業以外の生活領域に広範囲に展開されている協働生活の社会システムたる各種組織体も、それぞれの役割において不可欠の存在であり、さらに言えば、それらは企業システムのサブ・システムに置かれるものでもない。企業も、学校も、官庁も、病院も、組合も、その他ボランティアNPOも、主要な協働システムは現代生活の必要において対等である。そうであればこそ、経営学は企業経営学という狭い領域に自己規定し続けるべきではない、という経営学観が主張される理由がある。この脱企業経営学説は、すでに指摘したように経営学全体としては少数派であるが、日本経営学の生成期以来の貴重な経営学論であることを再確認したうえで、改めてその意義を考究する価値があるのではなかろうか。

しかしながら、そこには各種組織体を対象とし得る理論枠組みの定立という容易ならぬ学理的課題が存在している。企業の分析学として通用した企業経営学をそのまま各種組織体に適用しても、それは木に竹を接ぐ如き不適合を引き起こすであろう。各種組織体はそれぞれ特殊組織体として存在しているゆえに各種経営学が要請されるのであるが、その前に、特殊組織体の分析にも適合する一般的基礎理論を必要とする。現時点では「一般経営学」は未定立であるが、経営学史の蓄積のなかでそれは累積的に準備されている。すでに述べたように、バーナードに始まる組織論的諸学説は「組織と管理の一般理論」としての性格を持っており、さらに管見によれば山本安次郎の経営学説も[13]、「事業・企業・経営」という経営体三要素概念を（バーナード理論のレベルで）一般化することが可能ではないかと考える。今や、自覚的に「一般経営学」の確立を目指して、経営学史の蓄積を再検討することが求められているのである。

（小笠原英司）

注

（1）一三名の生年から見ても明白なように、上田貞次郎を日本経営学史第一世代とすれば、明治二四年生の池内信行以下同四四年生の藻利重隆までの一二名は第二世代に属する。その後も機械的に二〇年の生年差で区切れば、大正から昭和初期を生年とする第三世代（現八・九〇歳代）が前の世代とともに日本経営学の発展を担い、続く第四世代（現六・七〇歳代）と第五世代（現四・五〇歳代）が現在の日本経営学界の現役世代ということになる。また、わが国の経営学史をどのように時代区分するかについてもそれ自体が議論の分かれるところであろうが、明治期を「黎明期」とし大正期から昭和戦前期を「生成期」、そして戦後経済成長期を日本経営学の「発展期」としたうえで、オイルショック以後今日までの昭和・平成時代を「展開期」とすることに大きな過誤はないと思う。

（2）山本安次郎『日本経営学五十年』東洋経済新報社、一九七七年、八頁。

（3）増地庸治郎『商工経営論』日本評論社、一九四〇年、一一頁。

（4）もちろんそれは、非学術系の経営技術論が存在しなかったということではない。むしろ学術的経営学に先行して商業技術論があり、さらにテイラー・システムの工場への適用も早くからなされていた。これについては次を参照のこと。片岡信之『日本経営学史序説』文眞堂、一九九〇年、三五九―三六二頁。経営学史学会編『経営学史事典』（第二版）文眞堂、二〇一二年、七二―七五頁。

（5）渡辺銕三『商事経営論』修文館、一九二三年。向井鹿松『経営経済』丸善、一九二八年。佐々木吉郎『経営経済学の成立』巌松堂、一九三〇年。

（6）平井泰太郎『経営学入門』千倉書房、一九三二年。

（7）山城章『経営学原理』白桃書房、一九六五年。山城章他『各種経営学―官庁・学校・労働組合―』丸善株式会社、一九七〇年。

（8）経済学も諸学派があり、そのパラダイムにも差異がある。新古典派と制度学派では大きく異なり、マルクス学派も然りである。いずれの経済学派に立脚するかで経営学の内容と方向が異なったものとなる。

（9）クーンツ（H. Koontz）はジャングル状態にある経営学説を、①管理過程学派、②経験学派、③人間行動学派、④社会システム学派、⑤意思決定論学派、⑥数理学派に分類した。経済学的アプローチは決定論学派に分類されている。これに対してかつて加藤勝康は、アメリカ経営学における経済学派は「経営経済学」(managerial economics)と「企業理論」(the theory of the firm)とから構成されるという。また「取引コスト経済学」(Transaction Cost Economics)を主唱するウィリアムソン(O. E. Williamson)ら新制度派経済学のグループは、近年組織論と経済学を結合した「組織の経済学」を発展させている。Koontz, H., "The Management Theory Jungle," *Journal of the Academy of Management*, 4, no. 3, Dec., 1961, pp. 182-186. ハロルド・クーンツ編(鈴木英寿訳)『経営の統一理論』ダイヤモンド社、一九六八年、四一―一一二頁。山本安次郎編著『経営学説』(現代経営学全集第二巻)ダイヤモンド社、一九七〇年、八一―一一二頁。Williamson, O. E., *Economic Organization*, Wheatsheaf Books, Ltd. 1986.(井上薫・中田善啓監訳『エコノミック オーガニゼーション―取引コストパラダイムの展開―』晃洋書房、一九八九年。)

(10) かかる流れのなかで、高宮晋が創設した「組織学会」の果たした役割は大きい。

(11) 近年の米国流の研究実績評価法では主題の如何は問わず実証的研究論文の本数が重視されるため、比較的容易にデータが得られ注目を集めやすい企業行動に研究の目が向けられる傾向があるように思われる。

(12) 例えば以下を参照のこと。佐伯啓思『大転換―脱成長社会へ―』NTT出版、二〇〇九年。アンドリュー・J・サター(中村起子訳)『経済成長神話の終わり―減成長と日本の希望―』講談社、二〇一二年。また、次も参照のこと。カール・ポラニー/野口建彦他訳『(新訳)大転換―市場社会の形成と崩壊―』東洋経済新報社、二〇〇九年。

(13) 山本安次郎『経営学本質論』森山書店、一九六一年。同『経営学要論』ミネルヴァ書房、一九六四年。同『経営学の基礎理論』ミネルヴァ書房、一九六七年。

第一章　上田貞次郎・増地庸治郎
——日本経営学の創始と構築——

第一節　上田貞次郎
——日本経営学の創始者——

日本経営学の歴史を遡る時、その出発点に位置して、学問史にまさに「日本経営学の創始者」としての輝かしい名を刻んでいるのは、上田貞次郎である。上田は、東京高等商業学校（現・一橋大学）を卒業すると同時に母校の教壇に立ち、英独に留学した後、日本の実態を踏まえて「商工経営論」という形で、日本経営学の礎を築いた。

上田にとって、経営学の構築は必ずしも終生のテーマではなく、彼の研究上の関心は次第に拡大して社会全体の政策問題へと発展していくのであるが、ここでは「日本経営学の創始者」としての上田に焦点を合わせて、彼が「経営学」を構築するに至った学問的経緯を中心に論述しよう。

一　経歴に見る人物像

上田貞次郎の日本経営学への貢献を述べる前に、まず経歴を通じて彼の人物像を見ておこう[1]。

上田は、一八七九（明治一二）年、東京に生まれ、飯倉小学校、正則予備校（現・正則高校）を経て、一八九六年に高等商業学校（現・一橋大学）へ入学した。高等商業学校は、「予科一年」プラス「本科三年」、さらに「専攻部二年」の積み上げ構成になっており、本科を卒業した上田は、さらにその上の「専攻部貿易科」に進学した。なお、一九〇二年三月に、高等商業学校は「東京高等商業学校」と改称し、四月に第二高等商業学校が「神戸高等商業学校」と改称している。上田は、同年七月、改称したばかりの東京高等商業学校の専攻部を卒業する。この時の専攻部の卒業生は一四名であった。

ところで、上田がそもそも高等商業学校へ入学したのは、実業界へ進むという動機からであったが、専攻部で書き上げた卒業論文「外国貿易論」が、指導教授の福田徳三の絶賛するところとなり、福田の勧めで卒業と同時に母校の教職に就くことになった。上田自身は、当初は、一生を教職で過ごすつもりはなかったようであるが、結局は、生涯を研究と教育に捧げることになる。

経営学への関わりは後に詳しく述べるとして、参考までに上田の経営学以外の面について述べておくならば、経営学の体系化に一定の成果を上げた後、彼の研究分野は次第に拡大し、産業革命史や人口問題に移っていく。また、上田は、一九一九（大正八）年に開催された第一回国際労働会議（現・国際労働機関ＩＬＯ）に政府代表顧問として参加したのを皮切りに、それ以降、いくつもの国際会議に日本を代表して出席している。

一方、職場である東京高等商業学校は、紆余曲折を経て一九二〇年に大学昇格を果たして東京商科大学となるが、関東大震災によって校舎が壊滅したため、一九三〇（昭和五）年に東京郊外の現在の国立市に移転した。上田は、一九三六年、その東京商科大学の第三代学長に就任し、翌年には、帝国学士院の会員に任じられている。しかし、学長在任中の一九四〇年、病気のため六一歳の若さで急逝した。

東京商科大学は、一九四九年、学制改革に伴い一橋大学と改称した。現在、一橋大学の国立キャンパスには、上田貞次郎の胸像が建っている。この胸像は大学自体が建立したものではなく、上田を慕った学生たちが彼の急逝を惜しんで自分たちで資金を拠出しあい、作成を依頼された彫刻家の朝倉文雄が学生たちの熱意に共感して材料費だけで引き受けたというエピソードを秘める胸像である。この胸像の由来一つからだけでも、上田が研究者としてだけでなく、教育者としても、いかに秀でた人物であったかを、容易にうかがい知ることができる。

二　福沢諭吉への傾倒

日本の経営学の歴史が論じられる時には、必ずといってよいほど取り上げられる上田貞次郎であるが、これまでの経営学説史ではあまり取り上げられることのなかった上田個人の思想面における事実として、若き日の彼が福沢諭吉に傾倒し多くを学んでいたことを指摘しておくことは有意義であろう。

福沢諭吉は、上田が高等商業学校専攻部に在学中の一九〇一年二月に亡くなっている。上田は、福沢から直接に教えを受ける機会には恵まれなかったが、今に残る上田の膨大な日記の随所から、福沢に深く傾倒していたことが知られる。

例えば、上田は、高等商業学校に入学した一七歳の年の日記（一八九六年一一月）に、次のように記している。「余は福沢先生に倣はん。平民的、実利的、進歩的、現世的、直往突進、円満自在」(2)。

また、福沢諭吉が逝去した一九〇一年二月四日の翌日の日記には、次のように記されている。

「五日　昨夜十時五十分福沢先生逝く。余は嘗て先生より直接の教訓を受けし者に非ざれども、先生の人物を慕ひ、先生の主義を好みたる事は、直接に先生の教訓を受けたる多数より甚しかりしと自ら信ずる者なり。然るに今や其先生が長逝したりと思へば、何となく心細き感を惹起さざらんと欲するも得可らず。今日に於て先生の逝けるは、日本国中何人の死したるよりも、余にとりて大なる悲哀を感ぜしむる者（ママ）と云ふも過言に非ず。然れども余の信ずる所をもつてすれば、先生は冷頭の人なりき。実行の人なりき。其先生を欣慕（ママ→欽慕）して之に倣はんとする所の余が、同じく冷頭にして、且実際的ならざる可らざるや論なし。故に、余は此際悲哀の文字を並列せんよりは寧ろ進んで先生の遺著を読み、先生の遺言を考ふる方、先生の高徳に報ゆるの途たる事を信ぜんとする者なり。(3)」

福沢への並々ならぬ心酔である。実学を重んじた上田の学究姿勢は、もともと自分が実業界を志向していたということもあろうが、半面、福沢諭吉の実業重視の思想に影響を受けたということも十分に考えられる。

三　商業学への批判と「商業経営学」の提唱

さて、実業界へ進むことをめざして高等商業学校へ入学し、専攻部では貿易について専門的に学んだ上田であったが、図らずも指導教授の福田徳三から母校に残ることを勧められ、結局、彼は東京高等商業学校の講師に就任した。翌一九〇三年には『外国貿易論』を刊行している。しかし、彼が担当を命じられたのは、必ずしも貿易論という訳ではなかった。

上田は、初年度の一九〇二年度（九月開始）は、「簿記」担当に配置され、翌一九〇三年度からは「商業学」および「経済学」担当に配置されている。上田は、この時、新たに担当することになった「商業学」の学問体系に大きな疑問を持つにいたる。そして、この商業学の内容への批判こそが、やがて独自に経営学を構築することになる上田の研究の歩みの出発点となるのである。

講師に就任した上田は、一九〇四年刊行の『商業大辞書』に分担執筆した「商業学」の項で、当時の商業学を次のように批判した。即ち、商業学は、経済学や法律学の思想・知識を加えることによって大いに進歩したが、学問の系統という点からすると、ますます複雑かつ散漫となった。各論分野は拡散してしまい、通論はそれらすべてを総括すべき地位を占めるとはいえ、もはやそれらを「一組織の下に網羅するは実際に不能といはざるを得ず」。商業学が「一科学を建設せんと欲せば……進んで広義の商業以外農工其の他総ての営利事業を含む所の企業全体を目的とすべし。而して余は完全なる科学としての商業学は宜しく企業を其の研究の対象とすべきことを主張す[4]」。

ここで上田は、広義の商業だけでなく農業・工業その他すべての営利事業を含む「企業」を研究目的・研究対象とする「科学としての商業学」の必要性を訴えている。営利事業を「企業」と称し、その企業を研究の目的・対象とする学問の必要性を説いたこと自体は、まさに今日の経営学がそのような学問として成立している以上、全面的に評価できる点である。しかし、概念の問題として、「農業」「工業」をも目的・対象に含む科学を「商業学」と称する点には、違和感が伴う。この点について、上田はこう述べている。「農工其の他各種の業務が企業の体裁を具ふる時は、其の経済的方面は必ず商的性格を帯び、商的精神に支配せらるゝは当然なるを以て、此の活動を研究する所の学問を商業学と称するは亦是れ最も至当なることなり」。そのうえで、上田は、これを「商業経営学といふも可なり」と述べている[5]。

ここに「商業経営学」という形で、「経営学」の名称が登場する。しかし、この場合の「経営学」の概念は、必ずしも今日の経営学と同一ではないことに注意しておく必要がある。上田が提示した学問名称としての「商業経営学」にいう「商業」とは、狭義・固有の商業（commerce）を指すのではない。つまり、それは商業経営・農業経営・工業経営という産業分類的用法において使用されているのではない。主張の中で上田がいう商業とは、「商的性格」「商的精神」という意味での商業、即ち「営利」を意味している。それゆえ、商業経営学は、狭義・固有の商業経営であれ、農業経営であれ、工業経営であれ、その事業が営利的に営まれるかぎり、それらすべてを対象に含む学問ということになり、営利事業を「企業」と称するならば、商業経営学は、企業経営を対象とする学問であるということになる。

このかぎり、上田のいう商業経営学は企業経営学と同一であり、今日の経営学と実質的に重なる印象を受ける。しかし、この時、上田の念頭には、商業経営学だけが経営学として構想されたのではなかった。「企業」(商業)を対象とする経営学のほかに、「国家」を対象とする経営学、「家族」(家庭)を対象とする経営学もが、「経営学」として構想されていたのである。

詳しく見るならば、上田は、複雑・散漫した従来の広義の「商業学」(通論)に代えて、みずからが提唱する科学的な商業学、即ち「商業経営学」と称することも可能な、企業(営利事業)を対象とする新しい商業学を、「経済学の一分科」と規定して、次のような体系のもとに位置づけたのである。(6)

広義経済学
- 国民経済学(経済組織の立場より研究す)
- 経営学(経済単位の立場より研究す)
  - 財政学(国家の経済を研究す)
  - 家政学(家族の経済を研究す)
  - 商業学(企業の経済を研究す)

上田によれば、商業学は「企業の学」となる必要があるのであり、彼はこれを「商業経営学」と名付けた。同時に、上田は次のようにも考えた。即ち、「経営学」は経済単位を研究する経済学の一分科として、企業のみならず、家庭（家族）、国家をもその対象に含む。したがって、経営学は、商業学のみならず、家政学、財政学をも包含する学問である、と。

経営という概念が、もともと企業の経営を意味して使われることは周知の通りであるが、今日では、国家の経営とか家庭の経営とかいう言い方をしても、決して不自然ではない。経営を英語のマネジメントの意味で、行為概念として使用する限り、家庭の経営も、国家の経営も十分ありうる。その意味で、上田の経営概念はきわめて自然であり、むしろ今日のマネジメントの時代を先取りしていたと言えなくもない。しかし、それでは、企業経営学としての商業学のほかに、国家経営学としての「財政学」や家庭（家族）経営学としての「家政学」を、単純にマネジメントの学問と位置づけて、共通に「経営学」に括ってよいかというと、問題は別である。マネジメントの目的が、企業、家庭、国家ではそれぞれ異質だからである。

古い商業学に代えて企業の経営を対象とする新しい商業学を構築しようという上田の構想は、ひとまず「商業経営学」という名称を誕生させることになったが、「経営学」という名称に関してだけいえば、それは企業、国家、家庭という経済単位すべての経営を研究する包括的な学問に対して命名されたのであり、今日の経営学よりも上位概念に位置づけられていたのである。

四　「商業経営学」から「商事経営学」「企業経営学」へ

旧来の商業学への批判から商業経営学の必要性を提唱した上田にとって、その商業経営学の内容の体系化を図ることが、次の課題となる。

一九〇五（明治三八）年、教授に昇進した上田は、英独へ留学する機会を与えられる。出発に先立ち、上田は、留学の理由書となる論稿「商事経営学に関する意見」を、松崎校長に宛てて提出した。そこでは、上田がめざす科学としての商業学、即ち企業を対象とする「商業経営学」が、「商事経営学」という名称に変更されている。

この場合、「商事経営学」という名称そのものについて言えば、後に上田が「我日本に於いて商事経営学の名を生じたるは恐らくは独逸語のハンデルスベトリーブスレーレ（Handelsbetriebslehre）を訳したるならん(7)」と推論していることから知られるように、上田の造語ではない。当時、すでにドイツの知識が日本に入ってきており、“Handelsbetriebslehre”という言語が「商事経営学」と邦訳されていたのを知った上田が、科学としての商業学を表現するのに、みずからの「商業経営学」よりもふさわしいと判断したうえでの採用であったのだろう。少なくとも、研究対象に狭義・固有の商業以外の工業・農業まで含ませようとした上田にとって、「商事経営学」の名称は、「商業経営学」よりもふさわしいと感じられたに違いない。

しかし、この名称変更は、それ以上に、上田が自己の提唱する、企業を研究対象とする新しい学問の可能性・方向性を、ドイツの「商事経営学」の中に見出していたことを意味する。留学を前に、ドイツ商事経営学への上田の期待は、嫌が上にも高まったことであろう。ちなみに、校長に宛てた「商

事経営学に関する意見」においては、上田は、経済学の体系を以下のように表している。(8)

経済学
　国民（または社会）経済学
　個体経済学（経営学）
　　財政学（公経済経営学）
　　私経済経営学
　　　家政学
　　　企業経営学
　　　　農
　　　　商

この分類体系では、先に経済単位を研究対象とするとした「経営学」は「個体経済学（経営学）」と表され、企業の経済を研究するとした「商事経営学」は、「企業経営学」とも表現されている。「意見書」のタイトルを「商事経営学」としながらも、その中で同じ対象を指して「企業経営学」という別の名称を使用しているのは、上田が「企業を研究対象とする学問科学」をさまざまに思考していた証であろう。ともあれ、ここでは、まさにその「企業を研究対象とする学問科学」が、「個体経済学（経営学）」の中の「企業経営学」という形でイメージされていたことが鮮明となる。

五　英独への留学

一九〇五年一〇月、上田は、「商事経営学」研究のために、まずイギリスへ向けて出発する。ただし、この時、文部省より受け取った辞令には「商事経理学」と記されていた由であり、一橋大学発行の『一橋大学年譜Ⅰ（明治八年八月―昭和二一年三月）』（一九七六年）には、「明治三八年一〇・一四教授上田貞次郎、商事経理学研究のため、三年間英独両国へ留学を命ぜられ出発する」とある。(9)

「商事経営学」が、なぜ「商事経理学」になったのであろうか。この事情については、上田貞次郎の子息である上田正一が著した『上田貞次郎伝』に、次のような興味ある説明が付されている。

「明治三十八年夏休明けの九月初め、貞次郎は松崎校長から呼ばれて留学が決定したから準備するように言われた。続いて文部省から『商事経理学研究のため満三ヶ年間英、独国へ留学を命ず』という辞令を受取った。貞次郎はこの年三月に『商事経営学に関する意見』を書いて松崎校長に提出していたから、留学の研究題目は商事経営学だったのだが、当時専攻部には銀行科、貿易科、商事経理科があったので、それが文部省の辞令となったようである。経営学と言う言葉はお上にはまだなかったのである。(10)」

上田の頭の中では「商事経営学」「企業経営学」は徐々に具体化しつつあったものの、文部省にはまだ「経営学」の観念はまったくなかった時代的背景が読み取れる。

上田が英独への留学として認められた期間は、三年であった。しかし、上田の留学は、けっして大学内に留まって講義を聞き本を読むというだけのスタイルには終わらなかった。当初の計画に比較して、帰りはアメリカに寄って短期滞在するなど、上田は留学の機会を自分の思い通りに存分に活用した。その成果は、日記を見る時、商事経営学の構想を練るという公式の目的をはるかに超えて、幅広くかつ豊かなものであったことが知られる。

六　帰国と東京高商の危機、その中での「商事経営学」の構築

三年間の留学を終えて一九〇九年一月、無事に帰国した上田にとって、次のステージはその豊富な研究・見聞の成果を存分に発表することであったが、不運にも彼を待ち受けていたのは、職場である東京高等商業学校（東京高商）の存亡の危機であった。

東京高商には、上田が留学する前から、大学への昇格を要請する声が高まっていた。上田が滞欧中の一九〇七年二月に、「商科大学設立に関する建議案」が衆議院で可決され、三月には貴族院を通過した。この建議案によって、東京高商の専攻部はいよいよ独立の商業大学となるものと期待されたのであるが、文部省は一九〇八年九月、東京高商の期待を裏切って、東京帝国大学法科大学内に経済科を開設し、翌一九〇九年四月には、東京帝大法科大学内に「商科」を併置する方向を打ち出して、事実上、東京高商の大学昇格を否定した。政府のこの一方的な進め方に対して、東京高商では教授四名が抗議して辞職をするが、政府は方針を変えるどころか、五月六日に、東京高商「専攻部」を廃止する文部省令を下した。同日夕刻、神田で開催された教育学術講演会では、大隈重信、林毅陸その他の知識人が文部当局を批判している。しかし、政府の姿勢は強硬であった。このため、ついに東京高商

では、学生が抗議のため「総退学」を決議する事態にいたった。一橋大学の歴史に刻まれた「辛酉《しんゆう》事件」と呼ばれる出来事である。(11)

最終的に、辛酉事件は、東京高商商議員を務めていた渋沢栄一の仲介努力により、もともと理不尽に権力を振りかざした文部省側が折れて収拾（東京高商「専攻部」の存続）に向かうが、それでも東京高商が大学への昇格を果たしたのは、ようやく一九二〇（大正九）年になってからのことである。

このような混乱の状況の中ではあったが、帰国した上田は、留学の成果を着実に発表する。彼が何よりもまず形にしたのは、留学そのものの目的であった「商事経営学」の構築である。帰国した一九〇九年、彼は、『国民経済雑誌』（第七巻第一号）に「商事経営学とは何ぞや」を発表した。留学による研究上の大きな前進は、商事経営学の必要性への確信とその内容的実質の形成であった。

そこでは、商事経営学が、「外部に向ては市場の形勢を察し市場の変動を予測して需給の均勢を維持するの才能を要し、内部に於ては自己の事業の計算、組織、管理、改良をなし、且資金の調達融通を掌るの技倆」を有した管理者を養成するための学――今日風に言えばまさにマネジメントの学――であることが、強調されている。(12)

七　「商工経営論」の実現

上田が構想し留学によって内容的充実・深化をみた「商事経営学」または「企業経営学」は、さっそく東京高等商業学校の教育面にも取り入れられた。ただし、講義の名称は、「商工経営論」というものであった。なぜ、「商事経営学」または「企業経営学」ではなく、「商工経営論」であったのか。上田は、後にこの講義内容をまとめた著作『商工経営』の中で、次のように述べている。

「二一年前著者は最初の留学から帰朝し、新たに商業経営学原理を樹立せんとの望みを以つて講義を開いたけれども、その内容が如何にも貧弱であったのみならず、将来如何なる方向に自分の研究が向いていくかも予測し兼ねた故に、取敢ず『商工経営』を表題としたのがそのまゝ今日まで続いてゐるのである(13)」。

ともあれ、こうして企業を研究対象とする学としての経営学(企業経営学)は、上田の手で「商工経営論」の名のもとに、旧来の商業学を脱して、独自の学問として産声を上げたのである。帰国した一九〇九年に、上田は、近隣の明治大学と日本大学でも講義を担当し、翌一九一〇年には中央大学にも出講しているから(14)、彼の留学の成果は、東京高等商業学校のみならず、これらの大学においても教授され、聴講生は新しい息吹を学びとったに違いない。

しかし、上田においては、「経営学」という名称自体は、「経済単位の学」という意味で使われ、財政学や家政学を含む上位概念に位置づけられていた。今日、経営学の名称は、このような用法では使われていない。また、上田は、経営学をあくまでも経済学の中に位置づけていた。後に、日本の経営学界においては、経営学を独立の科学として経済学から識別する方法論的試みが活発化するが、経営学の経済学からの科学的独立に関する上田の見解については、別の機会に譲ろう(15)。本節の目的は、上田が商工経営論という形で日本の経営学を構築するまでの経緯を跡付け、述べることであるから、以上で論を閉じることにする。

（小松　章）

第二節　増地庸治郎

──日本経営学の構築者──

一　増地庸治郎の生涯とその時代的背景

増地庸治郎（一八九六―一九四五年）は、東京空襲で被災されたが、その追悼論文集（一九四八年）の序文で、つぎのように紹介された。「温良にして素直な学問好きの少年」という印象をもたれていた（井藤）。また、「京都の府立第一商業学校の出身なるため、商業というものを年少より学んだということで、商業を本当に理解した人であった。商業関係または経営関係のことについて、所々にこの著者ならではと思う記述がある」（馬場）。一九一三年九月に上京して、東京高等商業学校予科に入学し、一七年三月に本科を卒業し、直ちに専攻部に進み、上田貞次郎博士の指導のもと商工経営科を専攻した。一九一九年三月に修了し、四月より住友総本店に勤務し、調査係に配属された。一〇月に株式会社住友製鋼所に転じ、その後一年半は主として原価計算に従事した。この住友在職の二年間は、大阪高等工業学校の講師を兼任し、工業経済の講義を担当した。二一年の三月に住友製鋼所を辞職し、四月に東京商科大学の助手に任じられ、二三年三月に文部省在外研究員として出立し、ニックリッシュに師事した。その後の増地の研究については、「まず、経営経済学の総論的部分、株式会社を中心とする企業形態の研究という、いわば純社会科学的分野から始まり、工場経営、生産工業さらに労働科学という技術方面に移っていったようである。工業経営は社会科学と自然科学という二つの学問分野が相交錯する領域であって、この研究はこの二種の学問上の素質教養を兼備するものでなければ到底大成は期し得ないものである。」と、四〇年来の友人で財政学者の井藤は追悼論文集で評価された。

なお、増地の東京空襲での状況は、遺稿著書『工業経営論』（千倉書房、一九四六年）の「序文」で、隣人愛・師弟愛・家族愛とともに悲しくも厳《おごそ》かに書きとどめられている。

こうした増地の生涯の時代背景は、経営学史学会の編集した『経営学史事典』（文眞堂）に示されている。明治中期には軽工業中心の第一次産業革命や企業勃興などがあったこと、明治後期には重化学工業中心の第二次産業革命や企業数の増大や規模の拡大や株式会社の普及などが生じたこと、明治末期には商業学や商業諸学はもはや時代の要請と合致しなくなったこと、昭和初期に合理化が各企業と産業全体で進められたこと、一九二六年七月に日本経営学会が誕生したこと、などである。

一つの学問が生長していくには現在では考えられないような苦労が増地庸治郎にあった点、使用の言葉や論法が現在とは異なる点には、注意が必要である。引用は現代の漢字と仮名遣いに変換する。

二　『経営経済学序説』（一九二六年）とその一部叙述部分に関連づけられるその後の著書

（一）　経営経済学の名称

経営学的な研究を増地庸治郎は「経営経済学」と表現し、他の名称を否定した。「商業学」は、工業の発達によって不十分なものになった。「商業経営学」は、「商業学」と同じ問題を含み、また経営経済学の一部門に過ぎないという場合もあった。「私経済学」は、消費経済を含んでしまっており、公企業は含まない。「単独経済学」は、私経済よりもさらに広い概念である。「営利経済学」は、「実費主義の経営」と「経済的に営まれる経営」を含みえない。「経営学」（Betriebswissenschaft）は、商事経営経済学に対立する技術的経営学を示す。Betrieb-Wissenschaft は、経営の内部生活を研究する経済学の一部門を指すためにディートリッヒが使用したが、賛同者はいなかった。こうして「経営経済学」は、私企業、国家または地方団体の企業（公企業）、混合経済的企業（国家その他の公共団体と個人企業が共同して一企業を組織）を問わず、また、営利経営、実費経営を問わず（理由は「経済行為を営む経営であって、その目的の追求において根本的には同一の手段を用い、かつその経済的任務の遂行にあたっては同一の問題に面する」（二一頁）から）、特定の産業に限定されずに、使用されている。

（二）　経営経済学の発達

一九世紀以前の発達論はウェーバーに即したが、増地自身では、経営経済学の成立部分を追加した。

（三）　経営経済学の任務

経営経済学への国民経済学の見解、経営経済学者による主張、を考察した上で、自身の立場を増地は「大体において恩師ニックリッシュ教授の説に賛同するものである」（一九三頁）と、表明した。

（四）経営経済学の問題と分科

経営経済学の問題と分科について、ニックリッシュは経営経済学を経済的経営学と経営経済的交通学（企業相互間の交通）に分ける。前者には、①経営において行われる精神的および肉体的労働の経済性、②この労働の分配、即ち、あるいは資本のみをもって参加し、あるいは直接人的給付をもって参加したものに対する分配という問題があり、①財務組織論、②労働組織論という領域があり、また、一般経営論と特殊経営論（銀行・工業・農業・その他）に分けられる。後者は、一般交通論と特殊交通論（商品・手形および小切手・支払・有価証券・その他の交通論）に分けられる。さらに、経済的経営技術論と経営経済的交通技術論がある。この点は、増地の経営経済学の体系化に影響を与えた。

以上の『経営経済学序説』の商業部分を発展させたのが『商業経営』（雄風館、一九三二年）である。

三 『経営要論』（初版一九二九年、全訂一九四一年）とその各部に関連づけられるその後の諸著書

（一）総論（第一部）

本書の「第二節　経営経済学の本質」では、経営については、国民経済学が、「企業とは営利を目的とする経済組織であり、経営とは企業が目的達成のために有しなければならない技術上の組織もしくは作業の組織である」としているのに対して、経営経済学では「経済単位」としている。ただし、

消費経済を除外した「生産経済」に限っており、その本質を「経済性」にもとめている。国民経済学的と同様なものとして技術上の組織と理解されるのを惧《おそ》れて、増地たちは「経営経済」と呼んでいる。経済性目標の追求とは、人間の営む経済活動の中で、えられるべき結果とそのために払うべき犠牲を貨幣額で表示し精密に比較秤量し、費用の低下に努力することである。したがって、給付から費用を引いた余剰を最大にさせる収益性や営利性とは必ずしも同一ではない。また、「経済性目標を追求するためには、統一意思の存在が必要である。個別経済は統一ある意思によって指揮される経済」であり、この点で国民経済とは異なっている。また、生産経済とは、「個別経済を構成する人びとの直接の欲望充足目的とする経済」、「他の個別経済のために財貨を獲得し、準備することを目的とする経済」である。こうした経営経済学と国民経済学とは、対立的あるいは相手否定的ではなく、「今日、経済学の研究において、いずれか一方を欠くときは、その研究は不完全である」とされた。

（二）企業篇（第二部）

第二章で、「企業」が定義されている。企業とは、経営経済の必要とする諸財貨と、経営活動によって作出される諸給付との両方についての所有を表示する独立の機構である。こうした所有機構たる企業について、営利・非営利で区別をつけない。なお、ここに独立の所有とは、経済的関係のみである。

次に「企業形態」（第三章）とは、「企業者の構成」即ち「経営経済における出資と支配と経営との関係の表現」である（なお、支配とは、「経営者を左右する権能」「経営者の任免権」であり、「経営経済の存立に根本的変化を与えるような事項、即ち解散・合併・事業譲渡などについての最終決定権を包含する」)。「これら三者の合一または分離」は、「企業者の数〔一人・少数・多数〕と関係」があり、「企業の経済形態」を決定する。

「単独企業」(第四章)と「少数集団企業」(第五章)の次の「営利的多数集団企業(株式会社)」(第六章)は、出資者と給付利用者とが一致しないものである。

非営利的多数集団企業たる「協同組合(産業組合)」(第七章)、公企業(第八章)、公私合同企業(第九章)に続いて、複合的企業形態(第十章)の「第一節　経営結合」では、「結合の方向に従って分別すれば」、①「同種または類似の事業を営む経営経済の結合」(横の結合(横断的結合)水平的結合)であり、「その目的は単に協同一致の歩調をとり、競争の緩和を図ろうとする場合もあるが、進んで市場独占を企図するものも少なくない」、②「生産工程の連続する経営経済の結合」(縦の結合(縦断的結合)垂直的結合)であり、「その目的は主として生産技術上の統一、原料供給または製品処分の安定、生産費・配給費の低下であるが、いったん合成が成立するとさらに独占を目的として横の結合を図ることも少なくない」、③「以上のようなものとは関係なき(金融上の原因からの)結合」、となる。

(三)労務篇(第三部)

労務(第十一章)の第一節の総論では、分業によって「指導的労働」と「執行的労働」に分けられ、「労働を行う人によって」、①「経営者」・②「使用人」・③「労働者」に分けられる。組織(第十二章)は、「経営目的の達成のために必要な秩序の創設」を意味し、「執行的労働を秩序的に統一し、各個の労働をして相互に連絡して十分にその効果を挙げさせるため」のものである。こうした「組織の編成ならびに改良適合が、経営者の主要任務の一つになっている。」組織編制上の重要事項は、機能の分担、権限と責任の均衡、部門機能の重複の回避、首脳者による例外的事件のみの処理（例外原理）、従業員間・部門間の相互牽制による過失錯誤の迅速なる発見と不正の防止、仕事本位の一般的組織、である。組織が編成されると、これに基いて管理がおこなわれ、他方、管理によって組織の短所欠点が暴《あば》かれ組織の改良適合が施されるから、両者は相互関係にある。第二節の工場組織では、生産形式の相違（個別生産と継続生産、中間の組別生産）、工場内部の作業管理の組織（①軍隊式組織（または直系式組織）、②機能式組織（または分任式組織）、両者の中間形態の③参謀式組織、以上いずれとも併立しうるような④合議式組織）、がとりあげられている。また、作業管理（第十三章）においては、科学的管理法（テーラー・システム）（第一節）、フォード・システム（第二節）が考察された。

賃銀（第十四章）は、国民経済的には一つの価格問題であり、経営経済的には価値と対価（労働給付と賃銀〔給付評価〕）である。賃銀形成の基礎と賃銀額の限界の問題はニックリッシュと同じである。「どのような方法で賃銀額を算定するか、即ち賃銀形態（あるいは賃銀支払制度・賃銀支払方法）は、もっぱら経営経済が自ら決定すべきものであるから、経営経済にとっては、賃銀形態の問題（第十五章）が賃銀率のそれよりも一層重要である」。賃金論と労務篇を後に詳述したものが『賃銀論』（千倉書房、一九三九年、新訂増補一九四一年）と『工業経営論』の「第二編　作業および労務管理」である。

（四）財務篇（第四部）

「財産および資本」（第十六章）では、「経営経済に存在する諸価値は、これを機能について見る場合には、その総和を財産といい、また、これを帰属関係について見る場合には、資本とよぶ」とされている。「財産構成」（第十七章）は、機能にしたがって固定財産・運用財産・その他の付随的なものに分類される。「資本構成」（第十八章）では、元入と付加（準備金（積立金）と当期純益金・当期剰余金）の出資者資本（自己資本・固定資本）、および、短期と長期の債権者資本（他人資本・借入資本）がとりあげられ、「各種資本の配合は、大体において、経営経済の目的とする事業にしたがって決定されるが、また、市場金利その他の社会経済事情によっても支配されている」とされた。「資本調達」（第十九章）方法の決定要素は、資金の用途、経営経済の財政状態、金融市場の組織や状態、支配権の関係、調達当事者の性質・傾向、である。出資者資本の調達では、株式会社の設立方法（発起か募集）、プレミアムつき新株発行、無額面株、普通株、優先株、株式発行方法、などが説明されている。債権者資本の調達では、短期と長期（不動産信用および財団信用、社債）などが説明されている。経営経済が非経済的になった場合（損費が収益を上回った場合）、「組織の改良」（指導原理を変更し、労働と財産を新たな基礎の上に活動させる）か、あるいは「財務整理」（第二十章）が採られる。①年賦償還による長期無利子債権への振り替え、②債権の出資への振り替え、③出資資本の切り捨て、④有力企業との合併、⑤優先株・担保付債権による新資本の発行、である。

この「財務篇（第四篇）」を発展させたものが『経営財務論』（一九三四年）である。

（五）経理篇（第五部）

「経理概論」（第二十一章）では、「経営経済を構成する個々の部門、ならびに経営経済の作出する個々の給付をも係数の客体となし、他方においては未来の活動をも経理の目的に加え、さらに統計によって比較計算も行うに至った」として、ニックリッシュの体系を紹介した。「経営計画」（第二十二章）では、「経営経済の進むべき大方針に基づいて、予《あらかじ》め各部門の活動を数字に示した計画、即ち予算を作成し、これによって全体の協調を図ろうとする。経営計画は主要部門活動にしたがって通常、製造予算（材料・労務・設備・製造経費）、販売予算（販売分析・市場分析・販売割当・変動性緩和などに基いた販売費・広告費）、財務予算などに分けられる。経営活動の実施に当っては絶えずこの予算と実績の比較（予算差異分析）を行い、これによって各部門の活動を指導調節し、合わせて部門主任者の責任を明らかにする」としている。予算の編成・実行を監視し、部門予算の総合をするために、各部門の主任者によって予算委員会が構成される。差異分析のためには、各予算を複数（正常の定額予算、最低予算、最高予算）作成することがある。「経営比較」（第二十三章）において、部分比較として、財務比較（財産・資本・静態化比率・動態比率）、原価比較（原価の種類・場所・負担）、また総合比較として、収益比較、損益比較、収益比較、が取り上げられた。標準比較や差異分析比較が行われている。標準比較によって、経済性の測定が行われ、経済活動の統制に役立っている。

以上の『経営要論』における商業部分を発展させたのが、『商業経営』（一九三二年）である。

四　『経営経済学』（一九二九年）とその各部分に関連づけられるその後の諸著書

増地は、経営経済学の任務、科学的独立性、国民経済学との関係、研究対象・客体、その体系に関して、「主要なる傾向について、その代表的見解を検討」している（批判も含む）（三〇―五九頁）。これらを踏まえて、増地の見解は以下のように示される（五九―六八頁）。「一般に理論という場合には、普遍化的方法によって、多種多様かつ複雑なる（多数の）経験事象を捨象して、一個の類型を形成するものである」、「普遍妥当的なる理論を学んだ者は、いかに多様、いかに複雑なる事象に直面しても、容易にその本体を把握しうる」。

以上の『経営経済学』の商業部分と財務論を発展させたものが、『商業経営』（雄風館、一九三二年）と『経営財務論』（一九三四年）である。

五　『株式会社――株式会社の本質に関する経営経済的研究――』（一九三七年）（博士論文）

（一）企業形態

経営経済は、企業という所有を表示する機構を通じて、財務活動と勤労や物財の給付を市場に流入・流出させる。この点は、経営を生産単位、企業を財務単位とするレーマンとは異なっている。出資・経営・支配の三要素の合一か分離かという企業者構成様式と、企業者の数（一人か、少数か、多数か）とは、関係があるとして、私企業を四分類する。また、公企業か公私合同企業か、という分類をする。また、営利か非営利か、で分類する。

（二）　株式会社における支配

本書はわが国の学界でたんに断片的の取扱いを受けていた分野の調査研究成果としてまとめられた。

「第一章　株式所有の分散」において、清算市場の上場会社と実物市場の売買会社の六六九社について、「株式の市場性をもつ我が国代表的株式会社における株主の平均株式数は，一五二株弱であって、相当に高い分散を示している」（三頁）。「第二章　株式総会議決権の行使」において、「株主総会の意思は、このような少数（株主数の一・三七％、株式数七・三六％）によって事実上決定」、「六割弱の株主、三割八分の株式は株主総会に全然無関心であった（出席も委任状提出もしなかった）」（七〇頁）、と示した。「第三章　支配形態」において、支配の種類を「過半数支配」「ピラミッド型支配（親会社から従属会社へ）」「少数支配（直接・間接の株数の三割強か）」「経営者支配」「金融業者支配」「政府支配」に分け、九一社について検討した。「我が国株式会社全体の約三分の一を占める九一社の重要株式会社においては、支配が出資からほとんど完全に分離したものが約半数を占め、また過半数株式の所有による絶対的支配に属すものが四分の一を占めているわけである。かつ金融部門を除くと、大体において財産額の大なる会社ほど、支配が出資から分離する傾向が見られる。しかも、支配が出資から分離することが、経営経済の発達を阻害するよりも、むしろこれを助長する結果となっていることは、事実によって証明されている。」（一六四頁）

（三）　営利的多数集団企業（という企業形態）に対して最も適当なる法律形態としての株式会社

「第四編　結語」では、以上をまとめた上で、株式会社において株主の権利が縮小し支配者（小額の出資者・経営者の場合）の権力が増大するという傾向は、巨額資本の調達には必要であるとした。ただし、支配者には、金融業者・政府のいずれかの場合もありうるとした。

また、「経営活動に関する知識経験に乏しき出資者は、自らこれに関与するよりも、むしろ一切を支配者・経営者に委任し、以って確実なる利益の分配にあずかることを得策とするであろう。……出資者が、単なる資本供給者・危険負担者となり、経営活動に対する発言権を喪失するに至っても、それはなお決して憂うべき現象ではないと結論しうるであろう。我が国における実際に徴するも、第二編第三章において説述したように、成績優良の大会社においては経営者が支配権を把握していることが多いのである」。「これはもちろん、支配者・経営者の信義誠実に依存するところ、大である」ので、「筆者は、支配者・経営者の責任を問い、したがってまた、株式会社をして多数集団企業の要求に適せしめるための手段として、公示制度（publicity）の強化を主張する」ことになった。「このように明瞭かつ真実なる財務報告書の作成と強制監査とによって、支配者・経営者に自由な手腕を振わしめ、その結果を公表し、以って間接的に支配者・経営者の利己的行動を統制しうるであろう」。

六　増地庸治郎理論の今日的・将来的な意義

（一）所有関係の表示機構としての企業をめぐる考察
――外部機構　内部組織　関係論ないし販売・マーケティング論の必要性――

増地は「この企業という機構は……経営経済がその活動の結果たる財貨および勤労の給付を流通市場に提供する場合にも必要である」（『経営経済学序説』一九二六年、四九頁）とされたので、財務活動の場合と同様に、経営経済は、企業を通して、商品市場・サーヴィス市場にその必要とするものを配給し供給するという販売・マーケティング活動を営んでいると増地は主張されるべきであったし、あるいは、その後の著作の中で展開されるべきであった、とわれわれは考える。

商業交通論は『商業通論』の第五章（第二節「販売」の構成は販売管理・市場分析・販売分析・販売割宛）で考察され、工業経営や農業経営において取り上げられると先ず述べられてはいたのだが、実際は商業経営を中心にして説明されたに過ぎなかった。

このように生産経済に関する企業論と交通論の関係が十分に相互に関連させて研究されなくなってしまったのは、増地が、生産経済概念、および、所有関係を表示する機構としての企業概念に拘泥しすぎて、生産されたものが商業分野に所有移転されたので、生産経済としての経営経済の分野では取り上げる必要がないと解釈してしまわれたのではなかろうか。

（二）生産経済としての経営経済についての考察
――事業概念・事業形態論の必要性――

増地の「生産経済」は広義である。有形の財貨の生産と、財貨の配給、運搬や生産配給に関連した各種の勤労給付を営む経済も含めていた。「故に農業、牧畜業、林業、工業を営む経済のみならず、商業、交通業、銀行業、保険業等に従事する経済もまた経営である。」（『経営学講話』六頁）

これらと類似した内容の概念で別の表現のものが、例えば「これらの事業が……おのおの独立の事業である」という文章のなかで、使われた（『株式会社』一九三七年、二〇六—二〇七頁）。事業は、産業ないし業種または事業体を指していたようである。ところが、事業体あるいは事業内容を示すために、増地は「経営経済」あるいは単に「経営」という言葉も用いた。ここにいう経営あるいは親・子会社あるいは「経営結合」（『経営要論』「第二部　第十章　複合的企業形態」：水平的・横断的と垂直的縦断的）は単位事業かその複合体を指していると理解できる。これから専一事業か多角事業の構造、即ち事業形態（business configuration）が導かれる（文眞堂のドラッカー解釈の拙著を参照）。

したがって、増地の「生産経済」に「事業」・「事業経済」の面も持たせるべきだったと考える。

（三）経営経済の根本的変化の最終決定権としての支配に関する考察
——経営発展（革新・成長）論の可能性——

増地は、支配概念に、経営者の任免権のみならず経営経済の根本的変化の最終決定権をも含ませていた。「ここにいう支配は統制・干渉・監督とは別個のもの」であり、「最も権威ある絶対的の力」を意味している。最終決定権の行使対象たる「経営経済に根本的変化を与えるような事項」として例示されたのは解散や合併等である（『株式会社』一九三七年、五一頁）。

解散に関係して増地が論じたのは、一九三四年著『改訂　経営要論』の第四部「財務篇」の第二十章「財務整理」においてである。「収益∧損費」という状況を克服するための整理の方法は、まず「組織の改良」、次に「財務整理」即ち「経営経済の健康回復を目的とする資本（出資者資本および債権者資本）の変更」「欠損を除去せんとするもの」である。これら、およびこれらを契機にした変化のうちの一部、即ち、諸単位事業複合体、事業形態、あるいは諸事業活動複合体、事業規模、の革新〔復旧的・小幅な革新も含む〕か成長〔縮小的適正化も含む〕、即ち発展、によって整理されれば、事業経営は健全化されることになるので、革新と成長の実践と理論が可能になる。

（四）経営経済と企業との目的たる経済性に対する考察
——新しい資本機能と経営監査の可能性——

増地は、近来、営利を目標としない生産経済、例えば、購買組合や信用組合などの産業組合、国家や市町村による水道事業あるいは株式会社への委託事業、日本発送電株式会社などの国策会社、等々が次第に現われてきている、と捉えた。これを受けて、一箇の文化科学として歴史性と時代性を有している経営経済学は、従来の営利目標を中心として学問を築き上げようという行き方を変えざるをえなくなっている、と増地は考えるに至ったのである。

それでは「営利・非営利を問わないところの生産経済において何か共通なもの」（『経営学講話』高陽書院、一九三九年、一一頁）とは何か。一方では、人間本来の天性から出てくる合目的性・合理性、また、結果と犠牲を数量的に比較する生産技術的合理性を前提にした上で、「総ての生産因子を貨幣額に引き直して見る」（『工業経営論』四頁）経済性（期間ごとか、一定単位給付ごとに表示）に求められた。他方では、収益経営（収益の発生を期待しての経営）・実費経営（実費を償うだけの給付の生ずることを期待する経営）・不足経営（殆ど初めから不足を生ずることを承知している経営）のいずれの場合も、

「給付と費用との関係を考えるという点においては皆同じで」、「費用の低下、給付の増大を目指して事業が営まれる」（『経営学講話』一四―一五頁）。また「経営経済学より考察する企業の目標は経営のそれによって決せられるのであります。……ゆえに、もし経営の目標が経済性であるとすれば、その所有単位たる企業の目標もやはり経済性でなくてはならない」と。

さらに、経営経済と企業との両方の目的たる経済性は企業者・株主とどのような関係にあるのだろうか。増地は「企業の本質と、この企業という組織を利用する者、即ち企業者の実際上の目的、精神（即ち「営利目標のために利用するか、また、あるいは公益事業のために利用するか」という点）とは観念上区別すべき」（『経営経済学』（一九二九年、八四―五頁））だと主張された。したがって、営利目標のために企業という組織を利用するような種類の企業者の場合には、経済性ではなく収益性を求めていることになる。「収益性もしくは営利性目標とは給付から費用を差引いた剰余を最大ならしめることを期待することである。出資者に供与すべき剰余を最大ならしめようと努力する個別経済は収益性目標をもつものである。これは収益経営または営利経営である。」（『工業経営論』一九四六年、五頁）。しかも、「経済性と収益性とは同一のものではないが、しかしまた相排斥するものでもない。両者は同時存在を許されるが、その存在する面を異にするものである。」（同五頁）。

このように経営目標も企業目標も経済性であり、また企業者の求める営利性とこの経済性とが相排斥するものでないとすると、こうした経済性を実現するような出資・経営・支配の関係には、短期と長期、革新と改善の両方を経験している最高経営者が取締役会（特に短期志向の機関投資家）を経営体教育することが必要になること、また、「資本の機能は、〔従来の如く〕経営陣を支配するのではなく、高成果性の経営陣に〔出資して〕仕えさせるようになる」（ドラッカー）ことも、含まれるようになる。したがって、取締役会が経営存続目標（プロダクティヴィティ、物的資源、財務資源、人間組織、イノヴェイション、マーケティング、社会的責任、収益性、の各目標）と経営実践・成果を比較するような「経営監査」（business audit）を導入する可能性が生じてくる（ドラッカー解釈の拙著を参照）。

（令息・昭男氏〔成蹊大学名誉教授〕に、資料ご提供とご教示に感謝しつつ）

（河野　大機）

注

（1）上田の経歴については、以下を参照した。
上田正一『上田貞次郎伝』泰文館、一九八〇年。
一橋大学『一橋大学年譜Ⅰ（明治八年八月―昭和二一年三月）』一九七六年。
上田貞次郎日記刊行会『上田貞次郎日記（明治二十五年―三十七年）』一九六五年、一九五頁。
（2）同書、四五〇頁。
（3）『商業大辞書』「商業学」の項。上田貞次郎全集刊行会『上田貞次郎全集　第一巻』一九七五年、三一四頁。
（4）同書、三一四頁。
（5）同書、三一五頁。
（6）『上田貞次郎全集　第一巻』三八九頁。
（7）『上田貞次郎日記（明治三十八年―大正七年）』五〇頁。
（8）一橋大学、前掲書、三九頁。

(10) 上田正一、前掲書、八二―八三頁。
(11) 一橋大学、前掲書を参照。
(12) 『上田貞次郎全集　第一巻』三八六頁。
(13) 上田貞次郎『商工経営』千倉書房、一九三〇年、序文。
(14) 『上田貞次郎日記（明治三十八年―大正七年）』四〇九頁。ただし、各大学での講義科目名は不明。
(15) 詳しくは、次を参照。
小松章「上田貞次郎―経営学への構想―」経営学史学会編『日本の経営学を築いた人々』文眞堂、一九九六年。

第二章　池内信行

――経営経済学の発生論的究明――

第一節　はじめに

経営学の新たな建設のためには、どうしても経営学の歴史を顧みなければならないというのが、創生期の経営学の建設に志す人々の共通の問題意識であった。[1] ここで取り上げる池内信行教授（一八九四―一九七二年）は、このような問題意識から経営学の生成期において、経営学史研究をとおして経営学を新たに建設しようとしたひとりであった。

池内教授は、「経営経済学は、近時量的にみていちぢるしくすすんだことはたしかであるが、その反面、経営経済学は果たして質的にととのってきたかというに、かならずしもそうではない。主観的評定はともかくとして経営経済学は却って今日、内面的なつらなりのない非組織的、断片的研究にへんして理論的にみてまとまりのない、その独自性をうしなってあたかも解体しはじめたかのごとき発展過程をたどっている」（『経営経済学史』一三頁）と指摘し、経営学の新たな建設の必要性を強調した。そして新たな経営学建設のための経営経済学史研究の方法を、それまでの研究の成果を踏まえて一九四九年の『経営経済学史』において全面的に展開している。(2)

このような問題意識の背景には、ドイツへの留学がある。ここで池内教授の略歴をみておこう。(3)一八九四（明治二七）年、現在の姫路市に生まれ、幼少の頃、叔父池内安吉に入籍、兵庫県立竜野中学第三学年終了後、慶應義塾普通部第四学年に転じ、一九一四（大正三）年三月に卒業している。同年、東京外国語学校（現・東京外国語大学）ドイツ語本科に入学し、一九一七（大正六）年三月に卒業している。卒業後、コロンビア大学経営学部および同大学院で学び（一九一八―二一年）、その後、ドイツに留学し、ベルリン大学で経済学を専攻した（一九二二―二三年）。帰国後、関西学院で経営学（商工経営）を担当し、一九二九年にふたたびベルリンへ赴き、ゾンバルト（W. Sombart）とゴットル（F. von Gottl-Ottlilienfeld）のもとで経済学を専攻した。ベルリン大学への留学の記録は、フンボルト大学森鴎外記念館から発行されている冊子の第二二巻『ベルリン大学への日本人留学生一九二〇―一九四五年』（二〇〇三年）に記されている。それによると一九二九年の冬学期から一九三〇年の夏学期まで正規学生として在籍していることがわかる。(4)さらにベルリン商科大学ではニックリッシュ（H. Nicklisch）のもとで経営経済学を専攻するとともに、特にその当時ドイツの社会学界で注目を集めていた「知識社会学」（Wissenssoziologie）、わけてもマンハイム（K. Mannheim）に関心を寄せ、また唯物史観へ接近することとなった。池内教授の新たな経営経済学の基礎づけはまず、このベルリン留学を契機に、社会科学それ自体の基本的な反省となって現れた(5)。

第二節　経営経済学史の方法

一　経営経済学と経営経済学史の関係

新たな経営経済学を建設するための経営経済学史研究であるならば、経営経済学と経営経済学史の関係をどのようにとらえているのであろうか。一般的に経営経済学は現在の経済秩序を前提に、経営経済・企業経済一般に妥当する法則を体系的にとりまとめるのに対し、経営経済学史は残された学説をその生成に即してあとづける研究であると理解されている。しかし池内教授は、この点に疑問を呈し、両者の内面的関連を重視し、「学史を学そのものからきりはなしてそれに自立性を付与することはよいとしても、いまもしそこで、学史が学そのものの建設のためのものであるということが自覚されないならば、学史の存在理由はなかばうしなわれる」と主張する（『経営経済学史』五―六頁）。

そして経営経済学の性格に関しては、経営経済学が、生成してまだ日が浅く、科学としての自覚はいまなお不充分であると指摘する。経営経済学が実際問題の解明に援用されることはよいとしても、しかし経営経済学がいやしくも科学として成立するためには、それは自己に固有の理論的操作によってきたえられた体系価値をもたねばならないと批判し、合理性と実証性とをともに具有するのでなければ、ひとつの知識の体系は、科学として自己の存在を主張することができない。合理性の犠牲において実証性または実用主義が一方的に主張されがちである経営経済学において、特にこのことが銘記されなければならないと指摘する（『経営経済学史』六―七頁）。

そのための最も重要な方法として、学史的考察によるその基礎づけを問題として提起する。『ある科学の歴史はその科学それ自体である』――Die Geschichte einer Wissenschaft ist Wissenschaft selbst――とゲーテもいっているように、一つの科学の本質はその科学そのものの歴史のうちに存在するのであって、それゆえ科学の歴史そのものを無視し、あるいは軽視して科学の本質をきわめることは、ひとつの自己撞着であるというのほかはないと指摘する（『経営経済学史』七―八、二九頁）。このゲーテのことばは、もとはゲーテの『色彩論』に由来するものであり、ザイフェルト（R. Seyffert）が好んで引用したことにより、ドイツのみならず、日本の経営学者にも馴染みのものになっていった(6)。

二　学史研究の三つの方法

このように理論構築のために学史研究を重視する池内教授は、経営経済学史の方法として次の三つの方法をあげている。第一は、文献を年代別に調べる文献史的方法であり、第二は、学説をそれを生起せしめた動機に照らしてその内容を知るとともにその在り方を調べる方法である。そして第三は、理論建設の手掛かりをえるために残された学説をあとづける方法である（『経営経済学史』二四三頁）。

（一）第一の方法　文献史的方法

まず第一の文献史的方法においては、体系性あるいは統一性といった何らかの規準に基づいて過去の学説が学史の研究対象として選択され、それらの学説が学派別、あるいは年代順に整理される。そして各著書や論文の出版された時期、諸版の異同などが考証され、内容が概説される。詳細で厳密な文献史的研究は、学史研究にとってまずおこなわなければならない準備作業であり、そこでは資料および文献の丹念な収集・整理・配列およびその理論の統一的な全体像の解明や批判が中心となる。(7) 文献史的研究の代表的なものとしては、ヴェーバー（E. Weber）の『商業経営学の文献史』（一九一四年）(8)、イザーク（A. Isaac）の『一八九八年以後ドイツにおける科学的経営経済学の発展』（一九二三年）(9)、あるいは個別の問題を扱ったハックス（K. Hax）の『経営経済学における利潤概念』（一九二六年）(10) などをあげることができる（『経営経済学史』二六頁以下）。

このような文献史的研究は、学説探求の一つの方法として意味を持っているが、しかし単に学説の内容を知るだけでは不十分であり、一面的である。学説の内容を知るだけでなく、学説の生成の必然性にまでさかのぼって究明するのでなければ、学説の意味を理解することにはならない（『経営経済学史』一〇頁）。池内教授は、ヴェーバーに代表される経営経済学史の方法は、残された文献が年代別に解説されるだけで、それがいかなる動機に基づいて生まれたかということは、いうまでもなく、その現代的意義の検討はまったく視野の外に置かれていると指摘している（『経営経済学史』九、一三頁）。

池内教授は、文献史と本来の学説史とは厳密に区別されなければならないと述べ、文献史に対してレッフェルホルツ（J. Löffelholz）を引用して、「古い文献は、問題の性格を『その生成において』あるいは『その生き生きとした動的姿において』とらえるのではなく、却ってそれは、すでに古くから知られている成果のまったく『ひからびた』寄せ集めであるにすぎない[11]」と批判している（『経営経済学史』二四六頁）。したがって文献史のみでは理論展開の糸口を見いだすことはできないことになる。

（二）第二の方法　学説と実践の因果関係を解明する方法

第二の方法は、学説をそれを生起せしめた動機に照らしてその内容を知るとともにその在り方を調べる方法である（『経営経済学史』二四二頁）。この方法を用いれば確かに、知識と存在の歴史的な因果関係は理解できるが、しかしこの歴史的相対主義ではどうしても発展の契機を解明することは困難である。第二の立場は、存在の歴史性を自覚して知識が存在に拘束されることを主張するわけだが、池内教授は、科学に内在の立場をとりながら科学を年代別にあとづけることは、一つの方法ではあるけれども、科学そのものは、根本的に実践にねざして生成発展するので内在の立場は、その地盤に結びつけて考察せざるをえなくなると指摘する（『経営経済学史』八頁、『経営経済学序説』一一九頁）。

第二の方法は、学説とその動機との関係、即ち学説と実践の歴史的因果の関係を明らかにすることはできるとしても、そこから思考上、必然的に新たなる発足への糸口を導き出すことはできない。この点ですでに限界をもっている（『経営経済学史』八、二四三―二四四頁）。そこで池内教授は、理論再建のための因果関係的究明を行為に即して確かめることこそ学説探求の本来の課題であると考え、必然的に第三の方法に想いをいたすことになる（『経営経済学史』二四四頁）。

（三）第三の方法　発生論的究明の方法―主体の論理

池内教授は、第三の方法を主体の論理に基づいて展開している。近代理論は、物を外から見る立場に立っており、物をその外から一定の距離を隔てて見ることによって、どこまでも物を対象的存在として把握する「客体の理論」に支えられている。この方法は、たしかに、物を認識する一つの方法であるが、しかしこの「物を外から見る立場」だけでは、物そのものの内面的関連をとらえることはできない(『社会科学方法論』八四―八八頁)。われわれは、自然を認識するために実験の方法を用い、物に作為を加えることによって物だけでは示すことのできない内面的特質を知ることができる。同様に、物そのものの内面的関連をとらえようと思えば、物に働きかけて物を知る方法、いいかえれば物の中に自己を投げ入れ、物になって物を知る方法に支援を求めざるをえないであろう(『社会科学方法論』八八―八九頁)。

物の客観的認識といっても「外から観察する立場」と「物をつくる立場」からでは、自ずからその意味がことなってくる。前者では主体に対して立っている物そのものを写し取ることを考えている。この立場から求められる物の認識は、本来客観的であるべきであるにも関わらず、世界が動けばその成果の主観的属性が露呈し始める。社会の転換に直面して自らの立場を次から次へと変えてゆく思考は、客体と主体とを二元的にとらえているので相対主義の立場に陥らざるをえない。この限界を克服して物そのものの内面的関連をとらえるために考え出されたものが、物になって物を知る主体的把捉の方法である(『社会科学方法論』八九―九〇頁)。池内教授は、主体の能動作用を生かした「主体の論理」こそ、矛盾と対立に基礎づけられた現代社会の認識方法でなければならないと考えている。

池内教授は、「物の本質は、我にたいしてたっている客体が我にはたらきかけることによって知られるのではなく、我が物の中に自己を否定し、物の中に我が参加することによって同時に物を転換的に我に合体させ、このようにして物自らをしてそれだけでは示すことのできない内面的な本質をそこにあらわならしめること、それこそ正しき物の認識への唯一の道である」と主張する（『社会科学方法論』九〇頁、『経営経済学史』一八頁）。池内教授は、「主体の論理」に根ざして物そのものの内面的関連をとらえるということにより「存在の歴史性」を明らかにし、この「存在の歴史性」に基づいて経営経済学の新たな基礎づけを展開している[12]。

池内教授は、残された学説をあとづけるにしてもわれわれは、学説をただ学説の平面において見おわるのではなく、生活形成の立場から理論再建の道しるべをえるために学説をあとづけるのでなければならないと述べ、学説探求の立場は理論再建の立場に結びつくのでなければならないと主張している（『経営経済学史』九頁）。

第三節　経営経済学の発生論的究明

一　歴史と「現在の立場」

この第三の方法は、知識そのものの根源に注目し、知識を行為の一つの契機としてとらえる方法、いいかえれば実践にてらして知識をその発生、発展、転化の過程においてあとづける方法である。池内教授は、「主体の論理」に根ざした行為の立場を主張している。そこでは科学そのものが実践の一つの契機としてとらえられ、科学は、実践の発展過程において自己の姿を具体的に形成してゆくと考えられている。したがって経営経済学は、実践に即して基礎づけられ、その歴史的基盤に目を向け、そこから理論が展開されることになる。池内教授は、それを経営経済学の発生論的究明、いいかえれば経営経済学の存在論的基礎づけと位置づけている。[13]

立場は必ずしも同じではないが、このような問題意識に基づくドイツの研究として、ジーバー（E. Sieber）の『経営経済学の対象と方法』（一九三一年）[14] とシェーンプルーク（F. Schönpflug）の『個別経済学における方法問題』（一九三三年）[15] および前掲のレッフェルホルツの『経営経済と経営経済学の歴史』（一九三五年）をあげている。特にレッフェルホルツの「現在の立場」に基づく学史研究を高く評価している（『経営経済学史』一〇一―一一、二四四―二四九頁）。

池内教授は、「経営経済学が歴史的産物であるかぎり、われわれは経営経済学をただ単に経営経済学としてではなく、さらにまた、これまでしきりにくりかへされてきたごとくに、単なる命題や形式論理によるだけではなく、それよりもわれわれは経営経済学生成の社会的根拠に眼をつけ、それが何をどのように問ふてきたか、云はばその性格を把握することのうちに純化の手がかりを求めねばならない」（『経営経済学論考』一一五頁）と主張し、「問題をその発生の地盤にひきおろし、現実に即してしかも主体的にその正当性と妥当性とをたしかめるのでなければ、すくなくとも、問題の原理的解明は期待しえられないであろう」（『経営経済学史』一〇一頁）と指摘する。このように、まず経営経済学の歴史性ないし社会性を尋ね、そこで何がいかに問われているかを確かめながら、しかもそこから理論展開の糸口を導き出すことのなかに、経営経済学への道が横たわっていると結論づけている[16]。このような第三の立場、即ち経営経済学史の存在論的・発生論的究明は、すでにその処女作『経営経済学の本質』（一九二九年）に示されている。池内教授は「惟ふに学問の本質はその学問の歴史を観ずしてよくこれを理解し得るものではない。学問の歴史そのものを無視して学問の理論を建設せんとするのは一つの自己撞着した試みである」（『経営経済学の本質』四一頁）と強調し、学問建設のために自ら丹念に経営経済学の発達史をあとづけた。

ところで経営経済学の発生論的究明は、必然的に、その歴史と結びつかなければならない。「こんどのこの研究は、これまでの仕事の回顧であると同時に展望でもあり、そしてそこで私は経営経済学史に純粋自立性を賦与するこころみとはべつに、経営経済学史を経営経済学建設のためのいわば補助手段として構想する思考をおしすすめ、専らドイツの経営経済学をとおして問題を展開した」（『経営経済学史』一頁）と述べるように、経営経済学の展開はその歴史と結びつかねばならないという主張が、池内教授の発生論的究明の必然的な結果なのである[17]。

すでに述べたように池内教授は、知識を行為の一つの契機としてとらえており、行為そのものが主体と客体の矛盾的統一であるというその二重性に注目し、たんに理論と政策あるいは理論と歴史とを分離する思考に疑いをもっていた（『経営経済学史』二四頁以下）。即ち、残された学説をその基盤に即してあとづけながら、しかも「現在の立場」を拠点としてそこから経営経済学の新たな建設を展開している。このような「現在の立場」は、ドイツにおいては前述のレッフェルホルツにみられる。レッフェルホルツは、経営経済学を経営経済の発展に照らし合わせてあとづけようとして、歴史研究は、もちろん過去をあとづける研究であるけれども、しかしそれは現在を導く文化の形成力に基づいて探求されなければならないと述べている。歴史研究の究極の目的は、現代科学の科学的概念によって現在の現実的な問題の解決に取り組むことであることを決して忘れてはならないと述べ、学史の課題を「現在の立場」に求めている[18](『経営経済学史』一一、二二、二四八頁、『経営経済学の基本問題』一一六頁以下)。

二　科学理念（公理）

ところで池内教授は経営経済学の歴史的展開を通じて、それをささえる科学理念（認識態度、観点、公理）をまず、明らかにしようとする。経営経済学は、社会科学一般がそうであるように与えられた現実から出発する。しかし現実の問題の集積それ自体が、学問の内容を形成するわけではない（『経営経済学史』一四頁）。ひとつの知識の体系が科学として成り立つためには、自己の固有の理論的操作によってきたえられた体系価値を持つのでなければならない（『経営経済学史』七九、八九頁）。すべての学問は現実の投げ出す問題を問題として受取りながら、それを理論的に高めるためには必ず一定の科学理念の支援を求めざるをえないから、ここに経営経済学はいったいどのような科学理念に媒介されてその体系が組み立てられているかを歴史的に確かめる必要があった。

この科学理念（公理、観点）を求める方法には、二つの方法がある。経営を「経営経済学の立場」としてとらえる方法と経営を「経営の在り方」としてとらえる方法である（『経営経済学史』一五、八四、九三―九四、九七―九九頁）。第一の方法は、既成の経営経済学の中に入り込み、それなくしてはこの学問の独自的存在を確かめることのできない、それに固有の問題を探し求めてそれを問題選択の公理とする方法である（『経営経済学史』一五頁）。複雑きわまりない現実の世界は、限りある人間の思考力をもってしてはくみつくせない。それを正しくとらえるためには、現実の中からある一つ、もしくは若干の要素を一方的に高昇し、これを理想型に高め、この理想型において支配する法則を突き止めて、現実を理解する方法である。この立場は、経営経済学に内在の立場をとる「経営経済学の立場」であり、それは現実を外から見る立場であり、カントの認識論にその支援を求めている（『経営経済学史』一六、八八頁）。例えばゼルハイム（F. Söllheim）は、経営経済学に固有の公理を原価とその計算的把握に求めており、ジーバーは、資本計算を営む企業の経営方法にそれぞれ公理を求めている（『経営経済学史』一五頁）。

第二の方法は、学問の認識対象を対象に即して決める思考方法である（『経営経済学史』一六頁）。この立場は、経営を経営経済学の立場としてとらえる思考とはことなり、経営を人間共同生活、経済社会の在り方に即してとらえようとする立場である。現実を現実そのものから了解的にとらえる思考が、認識のモデルとして取り入れられている。とりわけこの思考は、ニックリッシュの経営経済学においてその最高の頂点に達している（『経営経済学史』一七頁）。

池内教授は、「人間の共同生活をそのそとから観る思考の方は擬制による現実接近への方法として意味をもつけれども、自然認識をモデルとして考えだされたこの理論をもってしては、生活そのものの内面的連関をその本来の姿においてとらえることはできない」と指摘する（『経営経済学史』一八頁以下）。即ち社会科学的認識は、人間の世界における在り方によってその本質が規定されるので、生活との交渉もしくは生活への関心ということをそとにして生活認識はありえないと主張する（『経営経済学史』一九頁）。人間の生活は、ただ単に与えられてそこにある客体につきるものではなく、客体の制約をとおして逆に客体にはたらきかけながら自己が自己を形成するところの主体的存在の世界である。このようにして人間の共同生活はつねに二重の構造から成り立っているのであって、したがってこの二つの契機を同時に、しかも正しき関係において生かすのでなければ、生活認識の客観性を保証する方法を確かめることはできないことになる（『経営経済学史』二〇頁）。

池内教授は、認識への関心は、単に客体によって制約されるだけではなく、主体の能動作用によって制作される物であり、その意味において認識関心は客体的でありながら、根本的には、主体的、創造的でなければならないと述べ、ウェーバーの「理想型」に対して「創造型」（主体性の論理）の概念を社会認識の方法として主張する。理想型が生活を観る立場に立っているのに対し、創造型は、生活をつくる立場に立っている（『経営経済学史』二〇頁）。この創造型は、問題意識を自覚にたかめたものであり、問題を歴史的、社会的な存在関係に即してとらえる意味で「問題史的方法」または「問題自覚的方法」である（『経営経済学史』二一、九〇頁）。

池内教授は「既成の経営経済学が無意識的に、あるいは無自覚的に前提とする基礎理論を自覚的に見直し、問ひ直すことによってその進路を確かめることこそ、まさしく現代の経営経済学に課せられた根本問題である」と述べ（『経営経済学と社会理念』一頁）、認識論それ自体がすでに歴史的産物であるという発生論的究明から、特に従来の経営経済学が新カント学派の認識論をほとんど絶対視していたことに対して鋭い批判を投げかけている（『経営経済学史』一〇〇頁）[19]。

三　生活経済の論理

第二に、池内教授は経営経済学の史的展開を通じて、この学問を支える経済学的思考そのものに関心を向け、経営経済学的思考の食い違いはもともと、それを支える経済本質論の食い違いに基づくことを発生論的に基礎づけている[20]。そして自らも「経済の意味」を問い、「経済の意味を交換経済もしくは経済学の立場から求める純粋経済の理論、私経済学の立場は決して間違っているのではないけれども、経済そのものは交換経済、私経済、貨幣経済、経済学的経済である以前に生活乃至行為の秩序としてもともと形成的、建設的にあるのがその本来の姿である」（『経営経済学の基本問題』三頁）と主張し、経済の意味を現実の生活に即してその中から「問題的」に把へるのでなければならないと指摘する（『経営経済学の基本問題』六頁）。したがって、池内教授は、「経済をその外から作られた公理を介して把へるのではなく、生活そのもののうちに身を沈殿せしめ、そこに経済するとしかほかに考へることの出来ない『問題』を把捉することによって始めて経済の本質を正しく把へることが出来る。

ゴットルが経済を経済たらしめる根本問題を『欲求（Bedarf）と充当（Deckung）の持続的調和』に求めるのもこのためであるが、そういふ歴史を越えて歴史を規制する立場からでなければ経済の本当の意味は理解出来ない」（『経営経済学の基本問題』二九頁）と主張し、いわゆる「生活経済の理論」に経営経済学の展開の一つのよりどころを求めている。このように、経営経済学の史的展開を発生論的にあとづけることによって、経営経済学の性格を、その根底から支えている科学理念と経済学的思考から明らかにしている。[21]

ところで、経営の経済学的展開の食い違いを、その根底から支えている認識態度あるいは社会理念の相違から明らかにするだけではなく、さらにそれと関連して経済本質論の相違が経済学的展開の食い違いをもたらしたことを明確にしている。ワイマル期についてみると、「経営経済学の立場」としての思考は、安定期の産物として純粋経済学に支援を求め、これに対して「経済のあり方」としての思考は、激動期、矛盾期の産物として生活経済学に支援を求めている。即ち、リーガー（W. Rieger）は資本主義の経済に根ざして経済の本質を貨幣または金融に、ニックリッシュが組織原理そのものの特質から経済の意味を生活に求めている。池内教授のこのような分析は、『経営経済学史』の分析において、新しい道を切り開くものであり、[22]この点は、吉田教授によってさらに展開されることになる。

第四節　経営経済学総論

一　経済学的アプローチ

新たな経営学建設のための方法研究に基づき、池内経営学の具体的な内容は、戦後、経営経済学総論において展開されている。池内教授は、経営の研究のアプローチには経済学、社会学、技術学、経営科学、産業心理学、労働科学などさまざまな視点があることを指摘し、ご自身は経営の研究を経済学的接近に基づいて構築している。経営の問題は、直接的には、もちろん経営者の計らいをとおして打ち出されるにしても、その根は経済の仕組みに食い込み、しかも経済の発展法則に規制されて動いてゆく。それを受け継いでわれわれの研究もまた、経営の問題を社会経済の一環として、しかも、発生論的にとらえる経済理論として展開されねばならないと主張している（『経営経済学総論』序文一頁）。

ところで経営の現実それ自体は、複雑であり、しかも多面的であるためそれを全てそのまま把握することは、不可能である。感覚に直接訴える経験の世界（経験対象）と理性（公理）をとおして意識にのぼる認識の世界（認識対象）とは、原則として別である。池内教授は、「認識はもと事象の選択であり、選択原理の確立をそとにしてものの認識はありえない。そういう意味でわれわれは、ちょくせつ事象を認識するのではなく、つねに、ある特定の公理を介して事象に接近し、それを認識するのである。この操作が、ほかならぬ認識の筋道であって、もしこの道からそれると、その成果はおそらく、断片のたんなる集積におわってしまうであろう」と指摘する（『経営経済学総論』一二頁）。

池内教授は、経営の問題を私経済と交換経済の統一として把握している。経営の問題は、具体的、個別的には、経営者の意思決定に基づく私経済の問題であるが、また同時に、交換経済に直結して自己を実現するので、その意味で経営の問題は、私経済と交換経済の統一である。経営の現実を、ひとまず私経済の問題として受け取りながらも、なお同時に、交換経済の一環としてその意味をくみ取るのでなければ、その本来の姿はつかめないと述べ、存在をして存在を語らしめる存在論の立場からわれわれは、経営の問題に接近するのでなければならないと主張する（『経営経済学総論』四頁）。そのさい、企業の本質を既成の理論や業績に基づいて把握するのではなく、企業の意味を問題意識に基づいて把握する立場をとっている。「業績を唯一のたよりとする思惟の展開はこれをさけ、問題意識にねざして企業の意味をくみとるのでなければならぬ。経済がまずあって、しかも、そのもとめに応えて企業が発生し且つ発展するという日常の経験から出発して、われわれは、その意味を把握するのでなければならぬ」、「経済の本質把握をそとにして企業の意味は理解できない」と指摘する（『経営経済学総論』一二頁）。

では、経済とは何を意味しているのか。この経済の本質規定は、経済学的思考と密接不可分の関係にある（『経営経済学総論』一二頁）。経済の本質については、定説はないが、池内教授は人間が生きるということ、即ち生活のためには、いろいろな物資がなくてはならないということから出発する（『経営経済学総論』一九頁）。人間の生活には、物資の調達とその充当（割当）がなくてはならず、そういう計らいをとおして浮かび上がる営みが経済行為であるという。そしてゴットルを引用し、経済とは、欲求と充当の持続的調和の精神における人間共同生活の形成としてとらえている（『経営経済学総論』二一一頁）。

ところで人間の生活は、つねにある特定の組織において、しかも組織をとおして実現される。池内教授によると人間生活は、社会構成体（社会的組織）をとおして実現される。この社会構成体には、それ自体の存続が自己目的である根源的な社会構成体、例えば家計とそこから派生し、根源的な社会構成体につかえるための派生的な社会構成体即ち企業がある。社会理論では基礎社会と派生社会として特徴づけられ、基礎社会がいつでも土台となって社会の構造が形成されてゆくことになる（『経営経済学総論』二一二頁）。

では経済はこのような社会のどこで自己を実現するのであるかについて池内教授は、経済は、それ自体の存続が自己目的である基礎社会において自らを実現するのであって、その意味で経済の純粋な姿は、これを家計にみることができるという（『経営経済学総論』二一三頁）。池内教授は、企業そのものが、ただちに本来の経済の組織であるとみなすようなことがあってはならず、企業は、今の経済の仕組みとともに発生した一つの経済制度であって、資本主義の経済とともに運命をともにする一つの歴史的な制度であると指摘する（『経営経済学総論』二一三頁）。欲求充当の営みとして経済そのものは、もと人間の生活につきまとう根本事態であるにもかかわらず、その営みかたは、時代とともにその姿（体制）をかえてゆくことになる（『経営経済学総論』五頁）。

二　資本の運動

それでは企業と経済の関係は、どのようにとらえられているのであろうか。経済の営みそのものは、人間の生活につきまとう永遠の問題であるが、経済の営み方は、ある特定の体制において、しかもその体制をとおして実現される（『経営経済学総論』三一頁）。そして現在の経済が、資本主義経済体制のもとで利潤を目的に商品生産が行われている点を強調する。そのさい商品の生産は、利潤率の動きによってその本質的動向が規制され、利潤率が推進力になって、生産の種類やその規模が決定される。もちろん個々の企業は、直接的あるいは間接的に利潤率の形成に参加するけれども、しかし、それにもかかわらず、利潤率そのものは、社会的に成立し、そして逆に、個々の企業は、利潤率に規制されることになる（『経営経済学総論』三一、四三頁）。

このような立場に立つ池内教授は、資本主義経済体制における企業の本質を資本の運動から解明している。資本主義社会での商品生産は利潤生産の形をとり、市場めあてに生産される。そのため経営者は、まずはじめに、生産の設備をととのえ、原料を仕入れ、労働者を雇い入れ、商品の生産が開始され、生産された商品は、市場で再び貨幣にかえられる。出発点における貨幣が、その到達点においてより多くの額の貨幣に転化するのが、利潤生産の特徴であり、この超過価値が、利潤にほかならない。そのさい流通過程が利潤の源泉であるのではなく、利潤の実体としての価値は、生産過程においてすでに生産されているのであると指摘する（『経営経済学総論』三八頁以下）。

したがって池内教授は、企業が経済に支配されるのであって、その逆ではない点を強調する。いまの社会で個々の企業は、みずから利潤めあてに行動しながらも、結局は、利潤率のうごきに規制される。企業者が自ら自力で、経済を形成するのではない。このことを明確にしておかないと、主客が転倒され、企業が経済を支配するという錯覚を引き起こすことになる（『経営経済学総論』四六頁）。経済あっての企業であって、その逆ではない。いまの社会で利潤の法則をそとにして企業の運営は、いかなる意味においても、ありえない。この認識が、さしあたり、われわれにとって決定的に重要であると主張する（『経営経済学総論』四七頁）。

池内教授は、上述のように企業の経営が資本の運動に支配される点を指摘し、したがって企業者の意思決定や管理もその資本の運動に規定される点を強調する。経営者の職分を過大に評価して、かれを経済の具体的担当者としてとらえる思考は、その出発点において、すでにゆがんだ道をえらんでいる。経営者は、経済の担当者ではなく、グーテンベルク（E. Gutenberg）もいうように「営業と経営の指導者」にすぎない（『経営経済学総論』六四頁）。企業者の職分に直結して経済の体質改善におよぶことは、それ自体ゆきすぎである。企業と経済は直結する二つの世界ではなく、その結合は、もっと矛盾的である。しかもそのかぎりにおいて企業者は、みずからの職分を遂行するのであって、かれ自身、経済の指導にあたるのではない。企業者には、企業者ほんらいの職分があるのであって、われわれはそれを、過大に評価するようなことがあってはならないと指摘する（『経営経済学総論』六六頁）。

以上のような第一部総説に続いて、第二部各論では、経営の問題が、個別的具体的に取り上げられている。まず経営の形態から議論が展開され（各論第一章）、生産（第二章）、労務（第三章）、配給（第四章）、財務（第五章）、計理（第六章）、および組織（第七章）の諸問題が解明され、最後に生産性運動を取り上げ、経営合理化の限界に言及がおよんでいる（第八章）。そのさいそれぞれの問題が、孤立化した形で取り上げられるのではなく、その基盤にてらして、しかも発生論的に展開されている。経営の問題をその発生、発展および転化の過程としてとらえることによって経営の問題をその生きた姿でとらえることに意がそそがれている（『経営経済学総論』七頁）。

第五節　池内理論の継承、発展

一　吉田和夫教授の経営学史の研究方法

池内教授の経営学史研究の方法は、吉田和夫教授の経営学へと継承され、さらに展開されることになる。この点を吉田教授の理論展開に沿ってあとづけることにする。まず吉田教授の経営学史研究の方法についてみることにしよう。吉田教授は、ドイツの学史研究に歴史的視点が欠ける点を指摘し、学史研究における地盤の究明の重要性を強調する。「一般的にいって確かに、ドイツの学史研究には、経営経済学の地盤の究明という傾向が欠けている。そこにあるものは、ただ認識論的基礎づけからする経営経済学の分類体系だけである。いったい、歴史的・社会的地盤の究明抜きにして、経営経済学の性格を真にその根底から把握することができるであろうか」（『ドイツ経営経済学』四頁）[23]。

そして学説の発生論的究明において、次の三点が重視されている。まず第一に、与えられた学説が、どのような社会経済的地盤に規定され、いかなるイデオロギー（理論的意識）に媒介されながら生成し、発展し、転化したか、またしつつあるかを究明することによってはじめて、学説の歴史的個性が内面的に明確となり、将来への学説展開のための有力指針がえられる点。第二には、経営経済学の発生論的究明は具体的には、独占資本主義の発展段階別による学史研究でなければならず、与えられた学説が一定の段階において誰のためのものであり、かつ実際にどのような実践的役割を演じたかを明らかにするものでなければならない点。また第三には、学説を規定する今日の独占資本主義体制の経済的分析、特にその運動法則の究明が必要となり、今日の独占資本主義体制がどのような方向をたどり、国民がどのような犠牲を強いられつつあるかということが結局、今後の経営経済学の方向と建設を規定する最も重要な要因となるであろうと指摘する（『ドイツ経営経済学』五頁以下）。このような発生論的究明という方法に基づいて生成期やワイマル期や戦後の西ドイツの経営学説の批判的研究が展開される。

二　経営学史研究の進展

一九六二年の『グーテンベルク経営経済学の研究』を本格的な学史研究の出発点とし、一九六八年の『ドイツ企業経済学』では、生成期のワイヤーマン（M. R. Weyermann）・シェーニッツ（H. Schönitz）の理論からワイマル期のリーガーの理論を経て、戦後のグーテンベルクの理論にいたる流れが経済学的な純粋科学の系譜として社会経済的地盤より解明されている。そして理論の生成した地盤の究明という視点は、一九七六年の『ドイツ合理化運動論』において深められ、ドイツ経営経済学が生まれた背景が一九二〇年代のワイマル期の合理化運動の展開と関連づけて解明されている。即ちドイツ経営経済学の性格が、ドイツ独占資本の展開の動向に沿って、またワイマル体制の歴史的分析と密接に関連させて明らかにされている。このワイマル期は、ドイツ経営学の黄金期であるが、その地盤の解明はそれまで必ずしも十分ではなかった。その意味でドイツ経営経済学の生成、発展の基盤をドイツ資本主義の動向、とりわけその集約的表現である合理化運動の中に探る研究は、注目すべき先駆的な業績であった。

一九八二年の『ドイツ経営経済学』においては池内理論の発生論的究明の視点がさらに深化されている。即ち経営経済学の歴史性ないし社会性を探究し、そこで何が問われているかを明らかにし、そこから理論展開の糸口を導き出すという池内理論の方法が深められている。この『ドイツ経営経済学』においては、ドイツ経営学から何を学び取るべきかという問題意識に基づいて、国民経済との関係において企業の在り方が深く洞察されると同時に、ドイツ経営経済学の根底に流れる問題意識を企業の管理という視点から解明している。

まず国民経済の一環として企業の管理を把握するという独自の視点は、戦後の西ドイツ経営学説においてパラダイムを形成したグーテンベルク理論の検討に明確に現れている。グーテンベルク理論に関しては、それが戦後の西ドイツ経済発展の基礎となった社会的市場経済原理に対応した学説である点に示されている。即ち社会的市場経済原理の三つの原理、競争秩序を維持・形成すること、社会的介入の規制を行うこと、生産手段の私的所有をあくまで維持・拡大することという三つの原理に対応して、グーテンベルクが、現実の資本制企業を営利経済原理、自律原理、単独決定原理からなる統一体として把握している点が明らかにされる。そしてグーテンベルクの企業者本位の生産要素の結合論が、社会的市場経済原理に支えられた西ドイツ経済体制の中で中心的な役割を演じていた点が指摘される（『ドイツ経営経済学』一〇頁以下）。

ところで一九六六・六七年の大不況以降、企業の集中が進み、また経済安定・成長促進法にみられるように国家の市場経済過程への介入が深まった。このことから吉田教授は、競争秩序の維持・形成、あるいは社会的介入の規制という社会的市場経済原理が揺らぎつつあることを指摘する。またこの大不況以降、労資関係を中心に共同決定や財産形成とからんで労働者の権利の拡大が大きな問題となり、それが企業の政策決定や所有の問題に重大な作用を及ぼしていることを指摘し、これも生産手段の維持・拡大という社会的市場経済原理と相容れない状態になりつつあることを示している（『ドイツ経営経済学』一二頁以下）。このことは、ドイツ経済体制におけるパラダイムとしてのグーテンベルク理論が一定の限界に撞着し、再検討される羽目に陥ったことを意味する。特にグーテンベルクは、労資の共同決定を企業に導入することに対しては否定的であったから、労働者の権利の拡大は、グーテンベルク経営経済学を支える単独決定権の問題に大きな動揺を投げかけた。

グーテンベルク以降の経営経済学の展開について吉田教授は、共同決定との関連で把握する。まず共同決定のさまざまな法律について、それらが一定の体制危機の段階における激しい労働運動と結びついているとともに、同時に資本側の譲歩・妥協という一面を持っており、それだけに資本の論理が巧妙にそれらの法規のなかに強く織り込まれている点を指摘し、この認識なくしては共同決定の事実を正しくとらえることはできないと述べる（『ドイツ経営経済学』一七〇頁以下）。このように共同決定の問題は、単に企業や経営のレベルにとどまらず、全体経済のレベルとの有機的関連において把握されており、そこには上述のように国民経済の一環としての企業の管理という固有の視点が打ち出されている。

三 「規制の論理」から「生活の論理」へ

また一九八五年の『経営学大綱』においては、労資共同決定の問題をふまえて新たな経営学の方向が「規制の論理」として展開されている。資本主義の矛盾が深まるにつれ、労働者の人間問題が深刻化し、社会科学としての経営学においても労働者の人間問題が重要な課題となってきた。『経営学大綱』においては、社会科学の課題が、人間性の回復にある以上、資本の一方的な専制に歯止めをかけ、それを規制する思考と論理が必要であり、社会科学としての経営学は、労働者の人間問題を主眼において、今後とも労資共同決定の問題に取り組まなければならない点が指摘されている。さらに吉田教授は、現代の経営学が現実のめまぐるしい変化にともない複雑多様化し、ますます抹消主義や技術主義に陥る傾向にある点を厳しく批判し、今こそ経営学は原点に立ち戻るべきであると主張している。そのために一九九二年の『日本の経営学』においては、先学者たちがいかに学問としての樹立に苦心してきたかを浮彫にし、経営学とはいかなる学問なのかを今一度問い直している。

この経営学はいかなる学問なのかという問題意識は、一九九五年の『ドイツの経営学』において「規制の論理」より、さらに進んで「生活の論理」という視点で展開されている。この生活の視点は、もともと池内理論の中心的な柱の一つであり、ここに池内理論の新たな継承と展開が吉田理論において独自の視点から展望されている。

『ドイツの経営学』において吉田教授は、資本主義企業を貫く最も基本的な法則が、資本の法則であり、資本主義経済体制が、貨幣の自己増殖運動である資本の運動をその本質とする点をまず明らかにする。そして経営学がこの資本の運動を基礎理論として構築され、資本の循環・回転に即してそれぞれの段階での具体的な問題を解明することがそもそもの課題であった点を明らかにしている（『ドイツの経営学』一四五頁以下）。さらに資本主義企業は、基本的には資本の法則に貫かれているとはいえ、同時にそれが人間の集団、つまり組織である以上、組織の法則にも貫かれている点を指摘している。しかしこの「組織の論理」も、資本主義企業においては資本の法則に従属させられることになり、資本の法則に有利なように組織が形成されることになる。そこでは、いわゆる人間性の阻害という現象が顕著に表れることになる。このような事態に対して吉田教授は上述のように、経営学における「規制の論理」の必要性を強調している。

ところで吉田教授は、経営学が人間としての経営学をめざす限り、「資本の論理」と「組織の論理」に加えてさらに「生活の論理」が必要となる点を強く主張している（『ドイツの経営学』二五二頁)。経済の本来の目的は、われわれの日常生活の維持・発展にあるので、企業の一方的な行動は家計の立場より規制されなければならないことになる。しかし現実には企業は、この本来的な関係を無視して、一方的に自己の道を進み、今やわれわれの生活を根底から動揺させるどころか、生活環境や自然環境の破壊をもたらすという段階にまで進んでいると指摘する。そこでは生活という次元から「資本と規制」という根本問題が問われており、経営学の体系のなかに新たに「生活の論理」を組み込む必要性が説かれている。

このような生活の論理に基づく経営学の構築は、すでに池内教授によって提唱され、池内教授は、ゴットルの生活経済学をふまえて、有機体論を生活の論理として展開している。そしてこの有機体論に基づいて生活の論理として経営学を基礎づけようとした。この点に池内理論の吉田理論への継承と展開がみられる。

そのさい吉田教授は、全体主義を前提とした上での有機体論と民主主義を前提とした有機体論とは、その性格を根本的に異にするということを銘記しなければならないと注意を促し、有機体論はただちに全体主義と結び付くのではないと主張する(『ドイツの経営学』二五四頁)。この点は、さらに二〇〇四年の『ゴットル』で「生活の論理」に基づく新たな理論として展開されることになる。そこから従来の企業中心の経済の見方に大きな見直しを求め、企業中心の経済から生活中心の経済への転換を求めている。ゴットルは、ドイツでも日本でも戦時中にもてはやされ、ナチスのゴットルというイメージが強いが、人間共同生活の構成という視点からナチス期のゴットルではなく、ワイマル期のゴットルに新たな光を当て、ゴットルの復権を目指して理論が展開されている（『ゴットル』九頁以下）。

（海道ノブチカ）

注

（1）吉田和夫『日本の経営学』同文舘出版、一九九二年、一九二頁。

（2）池内信行『経営経済学史』理想社、一九四九年、増訂版一九五五年。本章では、一九五五年の増訂版に基づいて論を進める。なおこれ以降、池内教授の著作から引用・参照した箇所については、書名と頁数を本文中に記すこととする。上記の著書以外で主として引用、参照した文献は、以下の通りである。

『経営経済学の本質』同文館、一九二九年。

『経営経済学論考』東洋出版社、一九三五年。

『経営経済学序説』第三版、森山書店、一九四〇年。

『経営経済学の基本問題』理想社、一九四二年。

『社会科学方法論』理想社、一九四八年。

『経営経済学総論』全訂版、森山書店、一九五八年。

（3）池内教授の年譜、著作目録に関しては、関西学院大学商学部の『商学論究』第一一巻第四号、池内信行博士記念号、一九六四年二月、および大阪経済大学経営研究所編『経営経済学の基調―池内信行博士追悼論文集―』一九七四年を参照のこと。

（4）Hartmann, R., *Japanische Studenten an der Berliner Universität 1920–1945*, Mori-Ogai-Gedenkstätte der Humboldt-Universität zu Berlin, 2003.

（5）吉田和夫「池内信行―社会科学としての経営経済学への道」古林喜樂編『日本経営学史　第一巻』千倉書房、

一九七七年、一三八―一三九頁。

（6）長岡克行「管理研究の〈主流〉と〈本流〉?:―アメリカ経営学100年と三戸公著『管理とは何か』―」『東京経大学会誌』二三四号、二〇〇三年三月、一七二頁以下。

（7）海道ノブチカ『西ドイツ経営学の展開』千倉書房、一九八八年、二四〇―二四一頁。

（8）Weber, E., *Literaturgeschichte der Handelsbetriebslehre*, Tübingen 1914.

（9）Isaac, A., *Die Entwicklung der wissenschaftlichen Betriebswirtschaftslehre in Deutschland seit 1898*, Berlin 1923.

（10）Hax, K., *Der Gewinnbegriff in der Betriebswirtschaftslehre*, Leipzig 1926.

（11）Löffelholz, J., *Geschichte der Betriebswirtschaft und der Betriebswirtschaftslehre*, Stuttgart 1935, S. 18.

（12）吉田、前掲論文、一四〇頁。

（13）吉田、前掲論文、一四一頁。

（14）Sieber, Eugen H., *Objekt und Betrachtungsweise der Betriebswirtschaftslehre*, Leipzig 1931.

（15）Schönpflug, F., *Das Methodenprobleme in der Einzelwirtschaftslehre*, Stuttgart 1933. 古林喜樂監修／大橋昭一・奥田幸助訳『経営経済学』有斐閣、一九七〇年。

（16）吉田、前掲論文、一四一頁。

（17）吉田、前掲論文、一四二頁。

（18）Löffelholz, *a. a. O.*, Vorrede X–XI.

（19）吉田、前掲論文、一四三頁。

（20）吉田、前掲論文、一四三頁。

（21）吉田、前掲論文、一四四頁。

（22）吉田、前掲論文、一四六頁。

（23）吉田和夫『ドイツ経営経済学』森山書店、一九八二年、五頁以下。なお本章では、吉田教授の著作から引用・参照した箇所については、書名と頁数を本文中に記すこととする。上記の著書以外で主として引用、参照した文献は、以下の通りである。

『グーテンベルク経営経済学の研究』法律文化社、一九六二年。

『ドイツ企業経済学』ミネルヴァ書房、一九六八年。

『ドイツ合理化運動論』ミネルヴァ書房、一九七六年。

『経営学大綱』同文舘出版、一九八五年。

『日本の経営学』同文舘出版、一九九二年。

『ドイツの経営学』同文舘出版、一九九五年。

『ゴットル―生活としての経営学―』同文舘出版、二〇〇四年。

なお池内教授の学説については、吉田和夫教授によって詳細に考察されている。以下の文献を参照のこと。

吉田和夫「池内信行―社会科学としての経営経済学への道」古林編『日本経営学史　第一巻』。

吉田『ドイツ経営経済学』、第一一章「ドイツ経営経済学に対する二つの立場―池内学説と山本学説―」。

吉田『日本の経営学』、第八章「経営学史研究と池内信行・佐々木吉郎」。

第三章　藻利重隆
――実践論的経営学の方法史的形成――

第一節　はじめに

藻利重隆は、一九一一（明治四四）年一一月三〇日、愛媛県松山市に生まれた。松山商業学校、山口高等商業学校を経て、一九三二年四月、東京商科大学に進学した。在学中は増地庸治郎のゼミナールに所属して、主にドイツ経営経済学の方法論を研究し、その成果を卒業論文『経営経済学ノ方法史的考察』にまとめた。一九三五年四月、藻利は東京商科大学研究科に進学し、引き続き増地庸治郎の研究指導を受け、ニックリッシュの経営学説を研究した。藻利は一九三六年二月、名古屋高等商業学校講師を嘱託され、同教授を経て、一九四六年一一月、東京産業大学（のちの一橋大学）助教授、一九五〇年六月、一橋大学東京商科大学（のちの一橋大学）教授となり、一九七五年四月、停年により退職した。同年四月、中央大学教授、さらに一九八二年四月、山梨学院大学教授を歴任し、二〇〇〇（平成一二）年二月一八日、鬼籍に入った。

藻利が学者を志望するようになったのは、山口高等商業学校の最終学年であったが、藻利自ら、なぜ経営学を専攻することにしたのかはよくわからない、なんらかの偶然的事情によってであろう、と語っている。名古屋高等商業学校へ赴任する藻利に、増地庸治郎の恩師上田貞次郎は、「学者になるのなら、本物の学者になれ。素人学者になるな。」という餞の言葉を贈っている。藻利の恩師増地庸治郎も、「①オリジナル・ドキュメンツを読んで勉強しろ。孫引きは一切無用。②発表を急いではならない。十二分の準備が整ってから発表しろ。なお発表は小出しにしろ。十を知っているときは、七つか八つを発表しろ。十しか知らないのに十二も十三も知っているような発表をするとすぐに馬脚があらわれ、長つづきはしない。③若いうちに大著を読め。年をとると何かと忙しくなって大著を読むことは困難になる。」という心得の言葉を藻利に贈っている。これらの言葉は、藻利にとって研究上の座右の銘となった。

藻利は、一橋大学での二八年有余の教壇生活を終えるに当って、「長い間、背負って来た重い重い荷物を降ろしてホッとした時のような解放感は否定されうべくもない。今から先は軽装でマイ・ペイスを堅持しつづけて行くことができるような気安さにひたっているのが昨今の心境である。あるいはそれは束の間のたわごとにすぎないのかも知れない。だが今はこの解放感や気楽な人生行路の夢を大切にしたい気持で一杯なのである。」と胸中を吐露している。

一九七五年三月二八日、兼松講堂において挙行された卒業式は、藻利にとって新たな人生の門出への「停年式」でもあった。「停年式」（一九七五年六月）という題のエッセーを、藻利は、「学部および研究科の学生として四年間、教師として二十八年半の間わたくしを育んでくれたこの国立の学園がわたくしの脳裏から消え失せることはもとより永久にありえないであろう。」と結んでいる。

その一橋大学において藻利が担当した授業科目は、「経営学原理」「経営学概論」「労務管理」「生産管理」および「演習」であった。一橋大学附属図書館には、遺族から寄贈された藻利の直筆講義ノート、読書録、発想録、直筆原稿、藻利学説に対する批評等が所蔵されている。その複製冊子四八冊の各扉には、村田和彦一橋大学名誉教授による解題が付せられている。

二〇一二年八月、筆者は、同図書館に何度か通い、広い閲覧室の片隅で、藻利の直筆講義ノートを何冊も読んだ。ノートの一枚一枚には、達筆なペンで、講義の要諦が丹念に書き記されている。どのページにも、選び抜かれたキーワードが整然と並び、点や線で関係づけられ、書き足しては消されている。文章らしいものはわずかしかなく、補足のメモか、つなぎの言葉かがあるだけである。じっくり読み込んでいると、行間から藻利の思索の跡が浮かび上がってくる。いや、そこからは、もっと大切なもの、経営学を一つの学問にすることに生涯を捧げてきた藻利の学問的情熱がじわじわと伝わってくる。と同時に、あの本館二階の大教室で行われた藻利の講義―初めは低く小さい声でゆっくりと進み、徐々に熱気を帯びてくると、その声音が咳一つない室内に一時間以上も朗々と響き渡り、やがてもとの小声に戻って終わる―が、走馬灯のように思い浮かんでくる。

第二節　藻利経営学の礎石

――社会科学としての経営学――

藻利重隆の経営学説は、その名を冠して、しばしば「藻利経営学」と呼ばれている。それは、企業、即ち資本主義経営を研究対象とする経営学であり、端的に言えば、企業の学であり、資本主義経営の学である。それはまた、実践論的経営学とも称され、藻利独自の実践論的方法ないし理解的方法によって、企業活動の実践原理を究明し、企業の実践理論の確立を志向する経営学にほかならない。藻利重隆の古稀を記念して編まれた論文集『企業管理論の基本問題』（一九八一年）の「序文」には、藻利経営学の特質が、次のように簡潔に述べられている。

「先生は、ドイツ経営学とアメリカ経営学の綿密な批判的研究を基礎として、企業の指導原理の確立を中心的課題とする独自の経営学を構想され、それを透徹した論理と広く深い学識をもって展開してこられた。その過程において、先生は、企業が経営技術的構造と経営社会的構造の二重構造をもって存立し、両者の相即的発展によってのみ企業の維持・発展が可能になるとする独自の企業観を確立された。こうした企業観に基づいて、先生は、企業の管理活動を、経営技術的構造の合理化を課題とする生産管理、経営社会的構造の民主化を課題とする労務管理、ならびに両者の総合を課題とする総合管理に体系的に整序されるとともに、こうした管理活動を導くべき企業の指導原理を理解的方法によって具体的に確立することに努めてこられたのである。先生の研究活動は経営学方法論、企業理論、管理論の全領域にわたっており、その各領域において、先生はきわめてすぐれた業績をあげられ、経営学の発展に対して指導的役割を果してこられた。そして、先生の独創的な理論体系は『藻利経営学』とも呼ばれて学界において高く評価されているのである。」と。

こうした藻利独自の経営学は、どのようにして形成されたのであろうか。

一　経営学の研究対象―資本主義経営としての企業―

藻利によれば、その研究対象については、企業、私経済、経営、経営経済、経済的経営、個別経済等の諸見解があるが、それらのいずれにおいても、研究の実質的内容を見れば、生産経済単位体がその対象とされていること、そして営利原則によって導かれる企業が研究の中心を占めていることは疑いの余地がない。また、営利原則については、私企業と公企業とを問わず、それに対する他律的制約はあっても、それが自律的指導原理をなしていることは否定されえない。このことは事実であり、その「事実のうちに、……『資本主義経営』(der kapitalistische Betrieb) としての『企業』こそが経営学の研究対象をなすことをわれわれは確認しなければならない。」「それは第一に生産経済単位体であり、経営的商品生産の組織体であるとともに、第二に営利的経済の組織体をなすものである。営利原則に指導されて展開される経営的商品生産こそが企業活動をなすのであり、そしてこれこそが経営学の研究対象をなすわけである。」(『経営学の基礎』八六頁) と。

二　企業学としての経営学の課題―企業の実践理論の確立―

藻利は、主著の一つ『経営学の基礎』（一九五六年）の「序」において、「本書におけるわたくしの主張を、結論的に要約するならば、経営学は資本主義経営たる企業、ないし企業の活動をその研究対象とするとともに、こうした企業活動の実践原理を究明し、これにもとづいて、各種の実践原則を体系的に確立することをその課題とするものだというにある。そして、こうした意味において、経営学は、まさに、経営管理学をなすと解せられる。」と述べている。同書の「新訂版」（一九七三年）の「序文」においても、藻利は、「わたくしの経営学に関する考え方は基本的にはなんら変るところがない。即ち企業活動に関して実践理論の確立を志向する実践科学としての『企業学』こそが経営学であるとするのがわれわれの見解をなすのであり、したがってそれはまさに『実践論的経営学』をその特質とするものなのである。」と明言している。

藻利はさらにいう。「企業は社会的存在であり、社会的形成体をなす。したがって企業は、経済社会のうちにおいて、その社会的・経済的制約のもとに、営利原則に導かれながら、主体的にその活動を展開する。こうした企業活動には、おのずから客観的な理論が見出されうるはずである。これを究明することこそが経営学の課題でなければならない。そしてそこに企業の理論ないし資本主義経営の理論の成立が期待されるわけである。」（『経営学の基礎』八六―八七頁）と。

三　社会科学としての経営学―企業の歴史的理論―

藻利は、経営学の進むべき方向について、経営学を「経営者学」あるいは「経営管理技術論」として、あるいはまた「社会的管理技術論」として捉える道を歩むのではなく、経営学を社会科学として確立する方向を歩むべきであると主張している。「経営学を社会科学として確立するために、なによりも必要なことは、企業活動の発展に関する歴史的研究を試みることであろう。経営学の理論は歴史的理論として確立されなければならないからである。しかもこの歴史的研究こそは今日の経営学にもっとも欠けているものだと思われる。」「経営学を真に学問化する道は、こうした歴史的研究を抜きにしてはありえないのではないであろうか。」（一経営学徒の自省、一九五六年五月）と。

こうした藻利の思考を知るのに役立つメモが『随想録』に記されている。それは、「商学の問題点」について触れたメモである（一九五六年四月一一日）。

「商学には理論と歴史と思想がない。商学が社会科学であるとすれば、理論は歴史によって媒介せられなければならない。理論がないということと歴史がないということとは同じ事になる。歴史は思想によって形成せられる。歴史は思想の表現だと解せられないだろうか。そこで商学に思想がないということは、同時にまた歴史がないということではないであろうか。そこで商学において最も必要なことは、歴史を取り入れる、歴史的意識を導入することではないかと思う。商学の歴史のうちにわれわれは理論と、これを基礎づける思想とを表現するべきであろう。」と。

このメモに裏打ちされた「経営学原理」の「開講の辞」（一九五六年四月）が、『講義ノート』にある。

「商学の中に理論と歴史と思想とを導入すること―これがわれわれ商学研究者の使命。商学の理論は歴史的理論である。したがって歴史的発展の考察が必要となる。歴史的意識のないところに理論はない―歴史は歴史的・社会的情況における人間の実践的な営みによって建設せられていくものである。実践的営みは人間の思想の実現であると解せられる。そこで歴史は思想を含むものとして理解せられる。歴史的発展のうちに思想の発展をつかむことが必要―理論と思想とを媒介するものとして歴史が考えられるのではないか―理論は思想的裏付けをもつことによってはじめて歴史的理論たりうる。」と。

藻利の文意を要約すれば、経営学のうちに理論と歴史と思想とを導入することにより、経営学を社会科学として確立すること、これが経営学研究者の使命である。それは、経営思想を含む経営の歴史的研究に裏付けられた企業の歴史的理論を形成することにほかならない、と。

第三節　藻利経営学の形成

―ドイツの経営学的研究とアメリカの経営学的研究との総合―

藻利経営学の形成の第一歩は、ドイツおよびアメリカにおける経営学的研究の発展を回顧し、ドイツの経営学的研究とアメリカの経営学的研究とを総合することにあった。藻利のこの発想は、わが国の経営学界がドイツ一辺倒であった昭和一〇年代にすでに芽生えていた。藻利は名古屋高等商業学校の講師時代に、アメリカの管理論の科学化をドイツの経営経済学の方法によって進める研究を秘かに始めていたのである。

一　ドイツにおける経営学的研究の発展

周知のように、ドイツの経営学的研究には、商科大学において成立をみた経営経済学、工科大学において成立をみた経営科学ないし経営組織論および経営社会学ないし経営的社会政策論の三つがある。

その主流をなした経営経済学は、第一次大戦後、ドイツ在来の商業学の科学化または経済学化によって成立をみたのであるが、それはまず、在来の商業学の中心であった商業技術をこの学問から追放し、これを私経済の実体に即した経済現象の科学として確立することから始まった。つまり、商業学の科学化は、これを経済学化することでなければならないとされたのである。それは同時に、経営科学をも技術論（Technologie）であるとして、この学問から追放することとなった。しかし、商業学の経済学化は、順調に進みえたわけではなかった。その過程で、それが「金儲け論」であるか否かに関する論争をもたらしたからである。経営学が「金儲け論」であることを肯定する学究は技術論学派を形成し、それを否定する学徒は理論学派または規範論学派を形成することとなった。

これらのうち、技術論学派は、経営学を技術論（Kunstlehre）として規定し、企業における最大利潤追求のための手段の合理性を究明することを課題とした。これに対して理論学派は、企業現象の間に見出される因果関係を究明し、因果法則を確立することを課題とした。これに反して規範論学派は、研究対象を企業にではなく経営に求める。その経営は、利潤性原理に代えて経済性原理を導入することによって形成される非現実的な事業体であり、そうした経営の目的とされる経済性を解明し、これを高揚するための方法を究明することを課題とした。

藻利は、これら三つの学派について、現実の企業を研究対象とする私経済学派（理論学派および技術論学派）と、非現実の経営を研究対象とする経営経済学派（規範論学派）とに再整理する。このうち、理論学派の確立する因果法則は、その原因結果の関係を手段目的の関係に置き換えれば、最大利潤追求のための手段として活用されうるところから、理論学派は広義の技術論学派に包摂される可能性をもつ。それゆえ、私経済学派は、広義の技術論学派をなすこととなる。

藻利によれば、この私経済学派は、営利原則ないし利潤性原理を自明のものとし、企業目的は一義的に明確であると仮定しているが、営利原則は自明でもなければ、企業目的は一義的に明確でもない。それは、「企業の生得的な原理として体制的に理解される一般的・形式的原理をなすにすぎない。それが企業の運営原則を確立するための実践原理でありうるためには、われわれはさらにこれを、現実の企業に内在的な歴史的具体性において把握することを必要とする。換言すれば企業目的は、企業の歴史的発展のうちに発現する、その内面的要請に即応して内在的に把握されることによってのみ、はじめて具体的に明確化されうるものである。」「そこで、営利原則を自明のものと仮定する私経済学派の経営学は、さらに進んで営利原則の具体的確立をみずからの課題とすることによって実践科学化されなければならないこととなる。」（『経営学の基礎』三六頁）と。

一方、経験科学からの離脱を余儀なくされることとなった経営経済学派については、「われわれの必要とするものは、現実の企業に生得的に内在する形式的・一般的な利潤性原理をその歴史性において特殊的・具体的に把握した実質的企業目的であり、こうした意味における企業の内在的規範でなければならない。経済性原理は、それが超越的規範から内在的規範にその本質を転換されることによって、したがってそれが超越倫理的なものとしてではなくて、一般的・形式的な体制原理としての利潤性原理を歴史化し、特殊的に実質化するところに成立する具体的原理をなすものとして理解されうるものとなることによって、はじめて経験科学化されることとなる。」（『経営学の基礎』三六―三七頁）と。

そこで藻利は、「私経済学派の経営学の実践科学化と、経営経済学派の経営学の経験科学化とのうちにこそわれわれは、経営学の諸学派に関する発展的統合を理解することができるのである。しかもこれを可能にするものは、理解的方法をおいて他にこれをもとめることはできないであろう。」（『経営学の基礎』三七頁）と。

二　アメリカにおける経営学的研究の発展

アメリカにおける経営学的研究は、生産現場の技師たちや計算業務の専門家たちの実務的研究、さらには経済・社会評論家的な研究者や大学教授たちの研究によって発展をみたということができる。

その内容は多様かつ豊富であって、単純に理解されうるものではなく、何が経営学的研究であるかの限定も容易ではない。そこに経営学的研究のアメリカ的特質がある、と藻利はいう。

周知のように、アメリカにおける経営学的研究は、工場生産の能率化に関する生産現場の技師たちの実務的研究に端を発した。これを促進したのが、一八八〇年代の成行き管理論者による能率増進運動であり、それはやがてテイラー（F. W. Taylor）一派の人々によって科学的管理運動へと発展していく。わけてもテイラー・システムは、工場管理論として展開されたのであるが、その考え方は、生産活動のみならず、調達、販売、財務活動などにも適用され、経営活動の全般にわたって展開され、経営活動の全体的合理化をめざす管理論的経営学を生むようになった。

こうして発現をみた管理論的経営学は、管理方法の合理化を中心課題とする管理技術学の性格を帯びるようになり、その原理は、資本主義経営の管理のみならず、社会主義経営の管理にも、そしてまた、あらゆる人間組織体の管理にも適用されうるものとなっていった。その結果、管理論的経営学は、その発展とともに、企業の問題から超越し、また、体制の問題からも超越してしまい、超歴史的な社会的管理技術学の性格を帯びるようになったのである。管理論的経営学は、第一次大戦後に顕著な発展を遂げたのであるが、それは、この時期のアメリカ経済社会が直面した巨大株式会社企業の問題に答えることができなかった。そこに発現したのが制度論的企業論である。それは、株式会社の性格、その行動様式、管理活動の特質を制度論的方法によって解明し、企業と社会との動態的関連を究明するものであり、一九二〇年代以降、顕著な発展をみるようになる。

ところが、一九二〇年代後半から三〇年代にかけて、人間関係論的方法によって人間協働の研究を志向する人間関係論的協働論が登場する。それは、人間行動の理解に関して新しい社会学的方法を展開し、労働者の管理に新機軸を打ち出すこととなったのであるが、やがてそれは行動科学的組織論へと発展していくようになる。そこに登場した行動科学的組織論は、組織における人間行動を意思決定の問題として捉え、意思決定過程論として展開するものであった。

藻利によれば、人間関係論的方法も行動科学的方法も、ともに人間行動を歴史的・社会的な動態のうちにおいて具体的に把握することを志向する点で軌を一にし、さらに制度論的方法とも相通じるものであった。そこで藻利は、これらの方法による経営学的研究を、制度論的経営学または社会学的経営学とも呼ぶこととなる。

第二次大戦後に顕著な発展を遂げた経営学的研究に経済学的経営学がある。それは、戦後のアメリカ経済社会における巨大企業の発展に応えるために発現をみたものであり、管理経済学、企業経済学などと呼ばれている。この経済学的経営学は、ミクロ経済学の分析手法を用いて企業活動の研究を試みるものであり、ミクロ経済学の新展開を企てる経営学的研究とみることができる。

このようにしてアメリカにおける経営学的研究には、管理論的経営学、制度論的経営学および経済学的経営学の三つの学派が発現したのであるが、このうち制度論的経営学は、企業活動の究明を中心課題とするものであるかどうかによって、さらに制度論的企業論と行動科学的組織論とに分けられうる。藻利によれば、企業活動の究明を中心課題とする経営学的研究は、制度論的企業論および経済学的経営学であり、これらを企業論的研究として一括することもできる。これに対して管理論的経営学および行動科学的組織論は、ともに企業を捨象して広く人間集団の管理活動に関する一般論を問題とするものであるから、これらを広義の管理論的研究として一括することもできる。

三　ドイツの経営学的研究とアメリカの経営学的研究との総合

ドイツにおける経営学的研究とアメリカにおける経営学的研究との総合の道を究明する藻利がめざす総合の道とは、企業学としての経営学を確立する方途にほかならない。

まず、ドイツにおける経営学的研究はいかに総合されうるのか。その主流をなした経営経済学は、経済学化する過程において、価値の生産にかかわる「価値増殖過程」のみが経済的過程であり、財貨・用役の生産にかかわる「労働過程」は技術的過程にすぎないとして、これを意識的に捨象した。だが、労働過程の捨象された生産過程としての価値増殖過程のみの考察によっては、資本主義的な商品生産の具体的理論は展開されえないのではないか、と藻利は問う。資本主義的な商品生産の特質は近代的な機械的協働生産方式のうちにおいてのみ理解されうるのであって、商品生産の実体を抜きにして、その価値的把握は不可能であり、価値増殖過程と労働過程とが融合した統一体こそが企業の現実の商品生産過程なのであって、そのいずれを捨象しても、企業の具体的理論を求めることはできない、と藻利は主張する。

藻利によれば、経営経済学が意識的に排除した労働過程の問題を中心課題とするものが経営科学であり、また、その発展形態としての経営組織論である。そこで経営経済学が具体的な企業理論を展開する学問として存立するためには、経営経済学は一方で、経営科学ないし経営組織論の研究を自らのうちに摂取していかなければならない。このことは、一九二〇年代後半の産業合理化段階において、一部の経営経済学者によってつとに自覚されていた。経営経済学は他方で、企業における労働者の問題を中心課題とする経営社会政策論ないし経営社会学の研究をも自らのうちに包摂していかなければならない。そのことは、ニックリッシュ（H. Nicklisch）に代表される第二次大戦中の規範論的経営経済学において顕著に見られた。

このようにして、経営経済学が経営科学ないし経営組織論の研究を摂取し、そしてまた、経営社会政策論ないし経営社会学の研究をも摂取することによって、自らの理論を具体化していくということは、経営経済学が企業活動を「貨幣資本の循環」において把握する抽象的見地から、「生産資本の循環」において理解するより具体的見地に移行していくことを意味している。藻利は、第二次大戦後のドイツにおいて、フィッシャー（G. Fischer）やグーテンベルク（E. Gutenberg）の学説のうちに、アメリカの管理論的研究を視野に入れながら、ドイツにおける経営学的研究の総合を図ろうとする動きがあることに注目する。

次に、アメリカにおける経営学的研究はいかに総合されうるのか。藻利によれば、経営学が企業学として確立されるべきであるとするならば、アメリカにおける経営学的研究の総合を、広義の管理論的研究の方向に求めることはできない。それは、企業問題の究明に発足していながら、研究の一般化による理論の精緻化を過度に追い求め、企業を捨象するという結果を招いているからである。そこで藻利は、こうした管理論的研究に企業学的特質を復元し、企業学としての経営学に復帰させることが必要だとし、その拠り所を企業論的研究に求めることとなる。

しかし、その一つ、ミクロ経済学の分析手法によって企業問題を考察する経済学的経営学は、企業現象を外面的に量的な因果関係や関数関係等において把握することによって企業理論の確立を企てる。そこでは、抽象的な量的考察が重視され、経済人を仮定する静態論的考察が進められ、そこに確立される理論は、数理経済学的性格を帯びるようになる。

これに対して制度論的企業論は、企業活動を企業の内的・外的な全体情況に即して意味関連的に把握することによって企業理論の確立を企てる。個々の企業活動が企業に対してもつ内面的な意味は、社会的生活体としての企業の生活的全体関連においてのみ把握されうるとする見地に、それは立つ。おのずからそこでは、具体的な質的考察が重視され、歴史的・社会的に変革されていく行動の型としての制度に従って行動する具体的な人間を問題とする動態論的考察が尊重されることとなる。換言すれば、経済学的経営学が分析的・抽象的な現象説明の理論をなすのに反し、制度論的企業論は総合的・具体的な実践行動の理論を展開するのである。

このようにして藻利は、アメリカにおける経営学的研究の総合が、制度論的企業論を中心として各種の経営学的研究の成果を企業の実体に即して活用することによって、はじめて可能になると解することとなる。

それでは、ドイツにおける経営学的研究とアメリカにおける経営学的研究とはいかに総合されうるのか。藻利は、グーテンベルクをリーダーとする数理学派の経営経済学に注目する。それは、アメリカの経済学的経営学派に匹敵するものだからである。藻利によれば、両者はともにミクロ経済学の成果と方法とを経営学のなかに導入することによって、企業理論の精緻化を志向するものであり、おのずから両者は数理学派的性格を帯び、相互に深い結びつきをもちうる関係にある、と。

周知のように、数理学派の経営経済学に対しては、メレロヴィッツ（K. Mellerowicz）らの技術論学派によって厳しい批判が浴びせられたが、そこには、ドイツ経営学界の焦りがあった。その原因は、アメリカにおける経営学的研究の顕著な発展に刺激されて、戦後ドイツの経営学界が経営経済学を企業管理論的に発展させることの必要性を痛感していたことにあった。しかし、それは、アメリカの管理論的研究を直輸入すれば、直ちに達成されうるものではなかった。アメリカの管理論的研究がドイツに輸入されうるためには、それがドイツ経営学界の学問的伝統に基づく理論的研究と論理的に結びつきうるものでなければならなかった。換言すれば、一方ではアメリカにおける経営学的研究のドイツ的な概念的精緻化や論理的体系化が要請されるとともに、他方ではドイツの経営経済学そのものの新展開が必要とされることとなった、と藻利は解するのである。

この問題は、やがて主流派の数理学派によって意識的に取り上げられるようになった。それは、一九五〇年代の投資に関する意思決定の問題に始まり、やがて広く企業における意思決定の問題そのものの経営学的意義を問う方向へと進んでいった。こうしてグーテンベルクをリーダーとする数理学派の経営経済学は、自ら企業管理論としての展開を志向するようになった、と藻利はいう。

だが、これによって問題が解決したわけではない。「経営経済学が企業管理論への志向を貫徹するためには数理学派はその抽象的な純粋経済学的見地に拘泥することをやめ、この見地をみずからのうちに包摂するより具体的な社会経済学的見地につくことを必要とする。そこにはじめてわれわれは数理学派と経験論学派との具体的な総合の道をもとめうることとなるのである。そしてこのことは同時に、企業学としてのドイツの経営経済学が、社会的管理技術学としてのアメリカの管理論的研究を摂取することによって充実した発展をなしとげるための道をみずから打開することをも意味するものと解しうるであろう。」(『経営学辞典』五二一頁)と。

最後に藻利はいう。「われわれがここで社会経済学的見地とよぶものが、アメリカの制度論的見地と相通ずるものであることは、ことわるまでもないであろう。ドイツの経営経済学はそれが社会経済学的見地に立脚する企業学的研究として発展することによって、したがって制度論的企業学として展開されることによってはじめて、一方においてドイツにおける経営組織論および経営社会学をみずからのうちに総合しうるとともに、他方においてドイツの経営学的研究とアメリカの経営学的研究とを総合する道をみずから打開しうることとなるものと解しうるであろう。そして、そこにわれわれは内容の豊かな実践理論的経営経済学の成立と発展とを期待しうることとなるわけである。」(『経営学辞典』五二一―五二三頁)と。

第四節　藻利経営学の特質

――実践論的経営学――

まず、藻利の志向する経営学は、ドイツの理論学派の経営経済学とはその性格を異にする。理論学派の経営経済学は、因果論的方法による因果法則の確立を志向するものであり、そこでは因果法則としての企業理論が問われる。ところが、企業活動は元来、一定の情況のもとにおいて諸種の因果法則を利用して意識的・計画的に展開される総合的な主体的活動であるから、これを因果論的方法によっては十分に把握することができない。そこで藻利は、因果論的方法に代えて理解的方法を提唱する。なぜなら、企業活動を単にその外面的な現象について、外側から観照するのではなくて、かえってその内面的な意味関連を、内側から全体的に理解することを必要とするからである。こうした理解的方法において把握される理論は、主体的理論としておのずから企業における実践原則の基礎を提供するものとなる。そこで藻利の志向する経営学は、まさに実践科学としての理論的経営学をなすこととなる。

次に、藻利の志向する経営学は、ドイツの技術論学派の経営経済学ともその性格を異にする。技術論学派の経営経済学は、営利原則が企業活動の客観的に与えられた一義的な規範原理であることを主張するが、この原理はけっして一義性をもつものではありえない。それはわずかに、企業活動に対する一般的・形式的な原理としての妥当性を有しうるにすぎないのであって、企業活動の具体的実践においては、必ずしも多くの意味をもつものではない。最大利潤の追求が具体的・現実的に何を意味するかは、社会的存在としての企業の現実的発展のうちに、内在的にこれを理解せざるをえないのであって、それはけっして一義的に与えられているわけではない。かえって、その具体的内容はきわめて多義的なのである。そして、資本主義の体制原理として企業が生得的に具有する指導原理としての一般的・形式的な営利性原理を、企業の歴史的具体性において理解することこそは、まさに経営学の課題でなければならない。それが実践科学でありながら理論科学をなすゆえんは、ここにある。

藻利によれば、実践的理論科学としての経営学は、社会的存在としての企業の歴史的発展のうちに、その内面的要請に即応する具体的な営利原則を理解し、こうした原理を規範原理として確立することによって、企業の実践原則を明らかにすることを志向するものである。そこでは、企業の存在合理性が前提され、企業の発展の合理性が予想される。したがって、「企業がなにゆえに存続し、発展するべきかは、経営学の問うところではない。企業が存続し、発展するための条件を解明することのみがこの学問の意図するところなのである。」（『経営学の基礎』八九頁）

藻利の志向する経営学はまた、企業の実践的規範をみずから確立しようとするところから、それは、ある種の価値判断を企てるものであり、規範論的性格を帯びることとなる。しかし、それは、ドイツの規範論学派の経営経済学ともその性格を異にする。それは、規範論学派の経営経済学のように、企業から営利性原理を追放し、経済性原理を導入するというような独断を企てようとするものではないからである。藻利のいう実践的理論科学としての経営学において措定される規範は、超越的な主観的規範（Sollen）ではなくて、まさに内在的な実践的規範（Müssen）なのである。

藻利によれば、実践的理論科学としての経営学は、経営管理学として特質づけられうるものであるが、それは、アメリカの経営管理学ともその性格を異にする。企業において各種の管理方法が採用される場合、「問題は、単にどのような管理方法が存在するかということにではなくて、それらがどのような仕方において、したがってどのような意味において採用されるものであるかということにある。」「各種の管理方法をその採用の仕方において把握するということは、それらが企業の内面的要請との関連において発現し、発展することとなる歴史的意味を理解することによってのみ可能となるであろう。各種の管理方法のこのような歴史的意味のうちにこそわれわれは、これらを企業の内面的要請にもとづいて統一する全体性原理、したがって企業の実践原理を把握することができるのである。ところがアメリカの経営管理学においては、一般にこのような採用の仕方、ないし歴史的意味の反省が無視されて、企業において採用される各種の管理方法ないしいわゆる管理技術が個別的・抽象的にそれらの合理性が追求されるという傾向を顕著に示しているように思われる。経営管理学がしばしば、経営者に必要とされるあらゆる知識の集合として理解され、経営者学として把握されるゆえんはここにある。またそれが企業をはなれて、広く人間協働のあらゆる分野に妥当しうべき社会的管理技術論ないし社会技術論として理解されるようになるゆえんもここにもとめられるべきであろう。だが、いわゆる経営者学や、いわゆる社会的管理技術論ないし社会技術論は、ただちにわれわれの意図する経営学としての企業管理学ないし経営管理学をなすわけではない。アメリカの経営管理学は進んで、企業の内面的要請に即応する意味的全体性原理を探究するとともに、その解明する各種の管理技術を、こうした全体性原理によって総合し、体系化することを必要とするものと解せざるをえない。」(『経営学の基礎』三七―三八頁)と。

藻利はさらに、企業の労働過程に関する研究と解されうる経営科学ないし経営組織論を、経営学から追放し排除するべきではなくて、経営学のうちに定位させなければならない、と主張する。藻利によれば、「資本主義的商品生産の経営的特質は、近代的な機械的協働生産方式のうちにのみこれを理解することができる。その価値的把握といえども、こうした商品生産の実体を抜きにしては、ついに不可能だといわざるをえない。商品生産過程を価値過程と労働過程とに分析することは、抽象的には可能であるが、具体的には不可能である。価値過程と労働過程との統一体としてのみはじめてわれわれは、企業の現実的商品生産過程を具体的に理解することができる。そのいずれかを捨象する場合においても、われわれはもはや企業の具体的理論をもとめうべくもないこととなるのである。」(『経営学の基礎』九一―九二頁)と。

それのみではない。経営社会学ないし経営的社会政策論もまた、経営学のうちに定位させなければならない、と藻利は主張する。藻利によれば、経営学はいまや具体的な商品生産過程そのものを問題とするようになり、それは当然に企業における労働者の問題をも取り上げざるをえなくなっている。このことは、経営的社会政策が経営の自律的政策として実施されざるをえなくなったこと、したがって、社会目的は経営目的に超越的なものではなく、経営目的のうちに内在し存立するものとなっていることを意味する。それゆえ、経営社会学ないし経営的社会政策論もまた、実践的理論科学としての経営学のうちに総合されなければならない、と。

このようにして形成される藻利独自の経営学、即ち実践論的経営学は、「個々の企業における現実的実践に対する批判の原理を提供することとなるのであり、こうした意味においてそれはまさに『批判の科学』をなし、また『助言の科学』(die beratende Wissenschaft) をなすのである。なぜなら個々の企業の現実的実践は必ずしもつねに長期的・持続的営利原則に準拠するものではないからである。」(『経営学の基礎』一〇六頁)

第五節　藻利経営学の方法
——理解的方法——

藻利によれば、企業の実践理論は、行動主体の行動に関する実践原則の基礎を提供する理論である。それは、一つには、行動主体の実践目的、したがってその指導原理である営利原則を具体的に解明するとともに、二つには、具体的に解明された営利原則に基づく行動そのものを原理的に解明するという課題をもつ。こうした企業の実践理論の確立を志向する経営学が、実践的理論科学としての経営学なのである。

藻利は、実践的理論科学としての経営学の方法について、実践理論的方法ないし理解的方法を提唱する。それは、アメリカ経営学におけるフォレット（M. P. Follett）の「情況の法則」（the law of the situation）や「人間関係論的研究」（human relations approach）をはじめ、広く企業の「制度論的研究」（institutional approach）を志向するものと同じ性格をもつ。藻利によれば、広く制度論的方法とよばれるものの特質は、①抽象的な「経済人」（homo oeconomicus）を仮定する方法を排して、歴史的・社会的に成立する行動の型としての「制度」（institution）にしたがって行動する具体的な人間を端的に問題にすること、②静態的・固定的考察を排して、動態的・発展的考察を提唱すること、および③革命主義（revolutionism）を排して、漸進主義（evolutionism）を主張することの三つに要約されうるが、それらは同時に、理解的方法ないし実践理論的方法の特質をなすものである、と。

なにゆえに藻利はこうした方法を提唱するのか。企業は社会的存在であり、社会的形成体である。企業は経済社会の社会的・経済的制約のもとに、営利原則に導かれて具体的にその活動を展開するのであるが、その企業活動は一定の歴史的・社会的情況のもとにおいて、諸種の因果論を利用して、意識的・目的合理的に展開される、総合的な主体的活動であるから、分析的・抽象的把握の方法である因果論的方法によっては十分にその意味関連を把握することができない。そこに、総合的・具体的把握の方法である理解的方法が必要とされるゆえんがある、と。

ここに理解的方法は、意味理解の方法であり、歴史的・社会的・主体的意味理解の方法である。それは、企業活動を単にその表面的な現象について外側から観照するのではなくて、かえって内面からその意味関連を全体的に理解しようとする。したがって、個々の企業活動がその企業に対してもつ内面的な意味は、その活動に関連する企業の内的・外的全体情況に即して総合的に把握することによってのみ、正しく理解されうるというのが、この見地である。例えば、ある文章の中に見出される単語の一義的な特定の意味は、その文章の全体的な文脈を離れては理解されえないのと同じである。

藻利によれば、理解の本質は情況理解にある。それは行動の動機に遡って理解することであり、その行動がいかなる情況のもとにいかなる意図に基づいてなされたかを、意図と情況との両面から理解することである。したがって、因果論的方法によって把握される理論が現象の理論であり、説明の理論であるのに対して、理解的方法によって把握される理論は主体の理論であり、行動の理論であり、かつ実践の理論である、と藻利はいう。

第六節　藻利経営学の展開

――企業の指導原理の解明、二重構造的企業観および二重体系的管理観――

一　企業の指導原理としての営利原則の解明

藻利によれば、企業は営利的商品生産の組織体であり、その目的は営利的商品生産にある。それは営利目的と商品生産目的とに分けられる。後者は企業の営む事業内容であり、前者はこの事業内容の営みを指導して、これを営利事業に転化させ、利潤追求または利潤極大化の努力を企業に求める働きをなすものであり、企業の指導原理と呼ばれる。

企業の指導原理は、資本主義の体制原理としての営利原則である。それは、営利経済原理、利潤性原理、あるいは利潤極大化原理などと呼ばれている。営利原則は、一般的・形式的には利潤の極大化を志向する企業原則として理解されるが、その具体的意味内容は、企業の歴史的発展に即応して変化する。それは、具体的・実質的には、企業の変質に伴なって内面的に変質していく。

ここに企業の変質とは、商品生産事業体としての企業の実体に関する特質の変化であり、藻利はこれを「企業の固定化」と呼ぶ。それは第一に、企業が労働集約的経営から資本集約的経営へと発展し、しかもその資本集約度、したがって労働の資本装備率、即ち労働者一人当りの固定資本が次第に増大していくことを意味する。それは、一方では企業の投下総資本の絶対額が増大し、企業が大規模化すること、他方では投下総資本に占める固定資本の割合、したがって固定資本対流動資本の比率が増大することを意味する。これを藻利は「資本の固定化」として特質づける。それは同時に「資本の有機的構成の高度化」という事態をも招来する。

このような「資本の固定化」は、藻利によれば、商品生産の技術が進歩・発展し、生産手段の機械化が高度化することによって必然的に発現してくるものであり、しかもそれは、技術革新の進展によって機械設備や装置が自動化の度を高めるとともに、著しく大型化することによって一段とその度を高めてきたといわれる。

「企業の固定化」の第二は「労働の固定化」である。それは、一方では企業の雇用する労働者数がその生産量に対して弾力的でなくなること、他方では労働者に対して支払われる賃金の水準が次第に引き上げられなければならなくなっていることを意味する。こうした事態は労働組合運動の発展に由来するものである。今日の企業が、こうした現実の事態を無視して労働組合運動を阻止するような挙に出ることは許されえない。そこで「労働の固定化」が発現している企業において、労働者の勤労意欲を高揚して資本運用を能率化し、その有効性を高めるためには、労働者の雇用を保障するとともに、労働者の賃金水準を引き上げることによって、積極的に彼らの生活を保障することが第一次的に必要とされることとなる。

以上にみた「企業の固定化」のうちに、藻利は「企業の変質」をみるのである。それでは、このような「企業の変質」は、営利原則をどのように変質させているのであろうか。藻利はこれを営利原則の長期化として理解する。短期的営利原則から長期的営利原則への発展がそれである。藻利によれば、固定化した今日の企業においては、無限の長期にわたって利潤を極大化することが必要であり、それは経済社会における企業の利潤獲得能力をできるかぎり高水準において無限に維持し発展させていくこと、即ちこの意味における企業維持を実現することによってはじめて可能となる。それゆえ、長期的営利原則は「企業維持原則」として理解されうるのである。それは、成長し発展する経済社会において、企業の利潤獲得能力ないし営利能力を無限持続的に、できるかぎり高水準において維持させていくことを志向するものである。

藻利によれば、ここに長期的営利原則としての「企業維持原則」は、まず利潤率の極大化による利潤の極大化を志向する。それは単純な自己資本利潤率の極大化ではなくて、持続的な自己資本利潤率の極大化を要請するのであり、その持続性を追求するところから、極大化されるべき利潤率は、おのずから総資本利潤率に求められることとなる。そこで「企業維持原則」は、「総資本利潤率の極大化」として理解されることとなる。しかし、そこには、自己資本利潤率が常に総資本利潤率以上であることという前提条件が設定されているのである。

では、総資本利潤率の極大化は、長期的営利原則の要請に十分に応えうるものなのであろうか。藻利によれば、それは、「資本の固定化」に基づく長期的営利原則の要請には応えうるのであるが、「労働の固定化」に基づく長期的営利原則の要請には十分に応えうるものではない。そこで、総資本利潤率の極大化が長期的営利原則として合理的に機能しうるためには、総利潤対賃金総額比率をある一定の値において維持していくという前提条件が、新たに付加されなければならない。藻利によれば、この第二の前提条件をも充足しうる総資本利潤率の極大化は、「総資本付加価値率の極大化」にほかならない。ここにおいても、うえの二つの条件が前提として設定されることはいうまでもない。

それでは、このような二つの前提条件を適えながら総資本付加価値率を極大化するには、どうすればよいのであろうか。藻利は、その鍵を握るものこそは流動資本の回転率の増大のほかにはありえないと解する。しかも、それを可能にするものは生産性の向上であり、これこそは、総資本利潤率と総資本賃金率とをともに増大させることによって、総資本付加価値率を増大させうる唯一の方法である、と藻利は主張する。

こうしてここに提唱される総資本付加価値率の極大化は、総資本利潤率の極大化の一形態をなすものであり、企業の固定化の進展とともに長期化した営利原則の今日的発現にほかならないのである。

二　企業の二重構造的理解と管理の二重体系的理解

藻利は、広義の企業合理化（機械化と人間化）を課題とする企業管理は、企業の二重構造化に基礎づけられて自らを二重体系化させ、そこに管理の二重体系を現出させている、と解する。この関係を理解するためには、資本主義社会における歴史的・社会的存在として存立する企業の二重構造化に関する認識を必要とする。藻利によれば、企業は、社会的存在として自己の持続的存立とその健全な成長・発展とを主体的に意欲するとともに、歴史的存在としてこうした意欲の実現を支えるべき自己の営利的生活力を自ら保持しようとする歴史的・社会的生活体をなす。この意味において企業は、営利目的と商品生産目的との融合した営利的商品生産をその目的とする持続的な組織体なのである。

ここに営利的商品生産の構造的特質は、それが生産手段を機械・装置にもとめ、これを媒介として協働的生産を展開するところにある。そこでは、協働的生産に参加する労働者は、人的生産力としてのみ機械的生産と結びつきうるにすぎず、その結果、労働者は人的生産力をなすとともに、人的生産力の所有者をなすこととなる。こうした労働者の二重性格化は、協働的生産が機械的生産と結合することによってはじめて明確化したものであり、そうした人的生産力の組織的協働のうちに機械・装置を中心とする物的生産力に媒介された人的生産力の生産機能的関連が発現する。それは企業の生産過程ないし経営技術的構造を形成することとなる。

ところが、人的生産力の生産過程への参加は、常に人的生産力の所有者によってのみ行われる。人的生産力がその所有者を離れて機能することはありえないからである。このことは必然的に企業のうちに生産過程とは別個に、さらに人的生産力の所有者の非生産機能的関連を成立させることとなる。それは生産過程の外に具体的に存立する企業内の社会過程ないし経営社会的構造を形成することとなる。

こうした事態のうちに、営利的商品生産の構造的特質を介して必然的に発現した労働者の二重性格化が、企業それ自体の二重構造化を招来する過程を読み取ることができる。そしてここに労働者の二重性格化を介して必然的に成立をみるものこそが、企業の具体的な社会的存在構造にほかならない。即ち、企業は一方において人的生産力を含む生産諸力の構造をもつとともに、他方において人的生産力の所有者の構造をもつこととなる。前者の経営技術的構造は、生産機能的構造としてもっぱら機能的に理解され、機械化過程を邁進する。これに対して、こうした経営技術的構造の成立を前提としてのみ成立を可能とする後者の経営社会的構造は、非生産機能的構造としてもっぱら非機能的に理解され、人間化過程を邁進する。そしてそれは、経営技術的構造をその根底において支える基盤をなし、労働者の勤労意欲の根源的母胎となるのである。

このようにして、歴史的・社会的生活体としての企業は、まさに二重構造的存立をなし、生産機能的な経営技術的構造と非生産機能的な経営社会的構造との二つの部分的構造をもつ全体的構造をなすこととなる。これが藻利の独自の企業観である。

ところで、産業革命以前の段階に存立をみた始原的経営のもとでは、経営技術的構造と経営社会的構造とは融合して未分化の全一体をなし、単純な全一的経営構造のうちに埋没していたのであるが、産業革命による工場制度の確立と、これを基盤とする労働組合運動の発展とは、この単純な全一的経営構造のうちに内面的分化を招来し、二重構造的経営への発展を可能にした。それゆえ企業の二重構造的存立は、まさに歴史的発展の所産にほかならないのである。

しかしながら、企業管理の発展の初期においては、いまだ企業は単純な全一的経営構造をなすものと解され、その生産技術的性格がまず前景に押し出されることとなり、企業管理もまた、全一的体系をなすものと解され、もっぱら生産管理的に展開されることとなった。企業管理の二重体系への理解は、企業の二重構造的存立への理解の進展をまって、ようやく進展をみるようになり、経営技術的構造と経営社会的構造とのそれぞれについて生産管理と労務管理とが発現したのである。前者の経営技術的構造のうちに指導的に機能する原理は機械化原理であり、後者の経営社会的構造のうちに指導的に機能する原理は人間化原理である。

ところで、能率的見地に立脚する生産管理と人間的見地に立脚する労務管理とは、相互に矛盾する方向においてそれぞれその合理化を本来志向する。それは、生産管理が本質的により短期的性格をもつのに対して、労務管理が本質的により長期的性格をもつことに由来する。だが、両者の相互媒介的な促進関係を理解しなければ、企業管理の健全な発展は期待しえなくなる。そこに両者の具体的総合を課題とする総合管理の発現をみることとなる。こうして藻利は、企業管理がいまや、生産管理と労務管理、およびその具体的総合を実現する総合管理の三者から成り立っていると主張するのである。

第七節　おわりに

「学問は学問化しようとする努力のうちにある。学問化の努力をはなれて学問はない。」

「われわれの社会生活には迂回生産が必要である。迂回生産のないところに真の発展はない。……学問もまた迂回生産の過程における産物である。直接的役立ちを目的とするところに学問があるのではない。」

「『読むこと』は『考えること』である。……考えることなしに学問を身につけることはできない。」

「考えるということは〝廻り道をすること〟である。……〝廻り道をする〟ということは long view をもつことである。」

これらの文言は、藻利の『講義ノート』、『随想録』などに記されている思索のメモであるが、そこには藻利の学問する心が端的に示されている。

藻利は、経営学を一つの学問、一つの社会科学にすることに生涯を捧げてきた。藻利は、経営学の研究において、常に小心であると同時に大胆に、また繊細であると同時に豪放に振舞いながら、経営の学とは何なのか、経営学の学問的・社会的存在価値はどこにあるのか、経営学は果して社会科学たりうるのかを、自らに問い、深く思索してきたのである。

経営学を真に学問化する道は企業活動に関する歴史的研究を抜きにしてはありえないというのも、藻利の信念であった。そこから開かれた道は、経営学のうちに理論と歴史と思想とを導入し、企業の歴史的理論を構築し、そして経営学を社会科学として確立することであった。それは、企業活動の実践理論の形成をめざす実践科学としての「企業学」、即ち「実践論的経営学」として形成された。資本主義社会と運命を共にするような体制関連的科学としての経営学、これが藻利の「企業学」であった。体制関連的であることは歴史的であることであり、こうした認識に裏付けられた科学でなければ、それは社会科学たりえないというのが、藻利の見解だった。藻利は、名古屋高商時代の一〇年間にその器を作り、一橋時代の二八年間に内容を盛ったのである。藻利経営学は、まさに方法史として形成されたのであり、日本の経営学界の理論的支柱として永く学界をリードしてきたのである。

大量生産・大量消費を謳歌した二〇世紀が去り、地球環境時代を迎えた二一世紀の今日、藻利がその生涯を賭けて構築した「実践論的経営学」は、いくつかの点で、再検討を迫られているように思われる。その一つは、ドイツ経営学とアメリカ経営学との総合という問題である。藻利の視野にあったそれらの経営学の総合は、およそ一九六〇年代までであった。しかし、爾後のドイツ経営学もアメリカ経営学も、多様な学派を生み出してきている。それらの学派が、理解的方法ないし制度論的方法によってどこまで包摂されうるかは、再検討の余地があるであろう。二つ目の問題は、資本の固定化と労働の固定化とをその柱とする「企業の固定化」という藻利の企業理解が、大規模企業の存立と発展そのものが危殆に瀕しつつある今日の厳しい情況下にあって、どこまで妥当しうるかが問われているといってよいであろう。

ところで、日本の経営学界において、「経営学は企業の経営学なのか組織の経営学なのか」「経営学は事業経営に本当に役立つ学問なのか」が、いま改めて問われている。これらの問題をめぐって、藻利経営学を再吟味することは、学問的にも実践的にも大いに意義があるといってよいであろう。

（平田　光弘）

注

本章の論述は、主として次の文献に拠っている。

藻利重隆『経営学の基礎』森山書店、一九五六年、新訂版、一九七三年。

藻利重隆『経営管理総論』千倉書房、一九四八年、第二新訂版、一九六五年。

藻利重隆『労務管理の経営学』千倉書房、一九五八年、第二増補版、一九七六年。

藻利重隆『現代株式会社と経営者』千倉書房、一九八四年。

藻利重隆『わたくしの俳句と随筆』一橋藻友会・キタン藻友会・中大藻友会、一九八八年。

藻利重隆『経営学辞典（責任編集）』東洋経済新報社、一九六七年。

なお、藻利重隆の略歴および著作目録については、次を参照されたい。

『藻利重隆先生古稀記念論文集　企業管理論の基本問題』千倉書房、一九八一年一一月。

中央大学企業研究所編『日本的経営論―藻利重隆博士古稀記念―』中央大学出版部、一九八二年一月。

第四章　馬場敬治経営学の形成・発展の潮流とその現代的意義

序

本論は、一九二一（大正一〇）年より一九六一（昭和三六）年の四一年間、殆ど東京大学経済学部に拠って理論経営学の構築に全精力を注入した馬場敬治の研究活動とその成果、そしてその現代的意義をあきらかにしようとするものである。

第一節　馬場敬治の経営学の特質

馬場敬治の経営学の第一の特徴は、終始一貫して理論経営学の形成・確立を志向したことである。昭和前期において、馬場敬治は、経営学にも、理論、歴史、政策の三部門がいずれ形成されるであろうが、その場合にも、経営学理論が基軸になるであろうと考えた。そしてその形成・確立に彼のエネルギーを傾注した。なお経営の歴史――今日のいわば経営史については、余り言及することはなかったが、経営政策については、その科学としての成立可能性を技術論として認めた。但しそれを可能にする条件をみたすことは現実には厳しいという判断をもっていた。

若干具体的に言えば(1)一義的かつ普遍的な目的の発見が困難である。(2)目的の仮の決定は可能だがこれを達成する手段は多様で、多くの科学的知識の動員が不可避である。(3)手段が有用であるためには具体的、個別的であることが要求され、一般的手段の発見は困難である。(4)未知の諸要因が分析に入ってくるのは不可避であり、科学的精確さの獲得は困難である。

そしてこの立場から、ドイツ、米国、日本の当時の経営学の多くが、理論と政策との奇妙な混合形態に止まっていると批判していた。

第二の特徴としては、当初から、経営経済学ではなく経営学の形成・確立を志向したことがあげられる。馬場敬治が経営学の研究を志した大正末期より昭和初期は、わが国経営学の形成期にあたり、ドイツ経営経済学の影響が強く、著作の名称としても経営経済学を採用する日本人研究者が多かった。これに対し、馬場は早くから経営学―経営理論の名称の方を選好した。

例えば、彼の初期の経営学の体系を示すものとして提示されたものが、一九二七年の『産業経営理論』(日本評論社)である。またすぐ後に述べる彼の方法論的研究を示すものとして、一九三一年の『経営学方法論』(日本評論社)、一九三二年の『経営学研究』(森山書店)がある。

第三の特徴として、馬場は、大正末期から昭和初期にかけてドイツ経営経済学だけでなく、それと同じくらいのウェイトをもって米英の経営学――今日言う経営管理理論を研究し、自己の理論経営学構築の積極的な糧としていたことを指摘したい。このような研究方向は、第二次大戦後の日本の経営学はともあれ、第二次大戦前においてはむしろ例外的であった。

彼の処女作は、『産業経営の職能とその分化』（大燈閣、一九二六年）であり、一九三五年ぐらいまでの彼の経営学研究にも、F・W・テイラー、O・シェルドン、L・F・アーウイック、W・ウィッスラー等々の言及がかなりみられる。

第四の特徴は、第二、第三の特徴とも関連するが、経営学の理論化に当ってその拠りどころを必ずしも経済学のみに求めなかったということがあげられる。ドイツの経営経済学の主流は、経営経済学とはいえ、かなり企業の経済計算学の性格をもっているが、広義の経済学的色彩をもっていた。その中ではM・R・ヴァイアーマン&H・シェーニッツさらにW・リーガーの著作は私経済学―企業の経済学の性格をもっていた。そして日本では、経営学の科学化、理論化をはかるさいに、より強く経済学に依拠する志向が強かった。その代表的著作が、中西虎雄『経営経済学』（日本評論社、一九三一年）であった。それはW・リーガーの経営経済学の批判的考察をふまえ、K・マルクスの資本論に依拠して個別資本の運動を解明するものとして提示された。

東大経済学部で先輩格の同僚であった中西の経営経済学に対し、馬場はこれに先行して一九二七年彼の経営学の最初の体系的著作である『産業経営理論』を発表した。そこでは、馬場は、あきらかに経済学を強く意識していたが、中西が、個別資本の運動は、結局は総資本の運動に包摂されるという意味で、経営経済学は社会経済学から独立した個別科学にはなりえないとしたのに対し、後述する様に、（国民）経済学と経営学は、別の研究対象をもつとした。また馬場の経営学の研究において、リーガーについて言及されることは殆どなかった。

ドイツ経営経済学の中で、馬場が注目したのは、M・R・レーマン、E・シュマーレンバッハ、K・メレロビッツなどである。

しかも馬場敬治は、第三の特徴として指摘した様に経営学の理論化を志向する際に、その素材として、米英の経営学―経営管理論の成果を積極的に導入した。ここに馬場敬治の経営学は、すでに、昭和初期において、経営―管理―支配そして組織の要因に注目するものとなって登場した。これについては、よりくわしくは後述するが、このことは、馬場が経営学の理論化を深化させていくにつれ、社会学への成果にも目をむけさせる契機を与えた。そしてそこには、後述する様に馬場敬治が次第に強調する様になる、経営学がその対象にふさわしい総合的研究展開の方向、いわば今日いうところの学際的アプローチに通ずる芽生えがすでにあった。それには、後述する様に技術と経営―経済についての研究も含まれる。

第五の特徴として指摘すべきことは、経営学の方法論についての検討を当初からこころがけていたということである。それは、経営学が独自性をもつ科学として成立するためには、社会科学一般の方法のいわば作法にのっとって鍛えあげていく努力が必要だと考えたからである。そしてこの点においてドイツの経営経済学は方法論的に脆弱であると批判する。その成果が『経営学方法論』（一九三一年）、『経営学研究』（一九三二年）である。ここで馬場敬治がまず依拠したのがH・リッケルト、M・

ウェーバー、A・アモンにつらなる、いわゆる新カント派の科学方法論であった。とくにアモンの影響が強かった。この場合、科学が研究の対象とするものは、経験対象ではなく認識対象であることが強調される。前者は、非論理的な、一回限りの、一時的な、多様な事実ないし経験的素材に過ぎず、そのまま科学の対象となりがたい。このような経験対象から研究者が何らかの立場によって対象のより本質的なもの、くり返し規則的に成立するものを、意識的、合目的に形成した思惟対象が認識対象である。鉄それ自体は、経験対象として、物理学・化学、工学、経済学等々の学問の対象となるが、それぞれの科学は、同じ鉄について異なる認識対象をもつ。この点、経営理論の対象である産業経営体も同じである。

もっとも馬場敬治は、一九三二年の『経営学研究』では、G・フッサールなどの現象学的考察をも加えるようになる。そして現実は単なるカオスではなく、何らかの規則性をもった事態連関として存在する、この経験的事実における事態連関のふるまいにかけられて、科学的資料の説明的連関が確保され、それを反映して認識対象が形成されると説く。そして経験科学は、これら資料に含まれる研究対象としての現実を、究極的な拠りどころとしていると主張する。しかもなお、どんな科学においても現実を残りなく把握することはできず、またその様な把握をしようと意図もしていないのであり、ここに経験対象と認識対象の区別は必要かつ有効であると説く。

今ここで新カント派の認識対象構成の方法と、経験的現実そのものの事態連関を基礎とする現象学的思考様式とが、馬場敬治において、どのように統合されているか、あえてここでは問わない。ただ馬場敬治の研究においては、次第に、後者のウェイトが高まっていった様に判断される。それは、前述した総合的研究を強調する際の方法的基礎になったと考えられる。

さらに理論経営学の形成に全精力を注入した馬場敬治の方法論として顕著に見られる特徴は、歴史的制約をうけて変化する事象を分析する事実的理論と時代の変化を通して基本的に変らない「本質的理論」とを区別し、後者に基礎をおいて両者の統一的把握を進めていくことを強調したことである。

第二節　馬場敬治経営学の構成と経営学の基本的課題

一九二七年に馬場敬治が公刊した『産業経営理論』は、彼の経営学の骨格を表明したものである。そこではまず、商業経営、産業経営の両者を含む産業経営体が研究の対象とされる。そして国民経済学が交換関係―社会的分業関係を対象とするのに対し、産業経営学は、各（生産）経済単位内の支配関係―経営内分業関係を対象とする。前者が交換機構によって結びつけられる組織であるのに対し、後者は統一的支配の下にある組織である。ここで馬場敬治の経営学を漸次特徴づけていく、組織的視点がすでに支配関係を中心にある程度提示されていることに注目しておきたい。

この場合の支配関係は、交換関係を契機にして成立する、一つの統一的支配の下に結合される分業であるが、工場制度の展開と共に発展した。さらにそれは、今日、資本所有と密接な関係をもっている。この支配関係を形成し、維持する活動は具体的にはマネジメントとして展開される。そして経営体の規模の拡大と共に最高管理と本来の管理に垂直的に分化し、前者は企業家、後者は被雇用従業員に任されるようになると主張する。

他方産業経営体の経済活動は、漸次、財務活動（資金調達、貨幣信用取引、支払能力維持、そして資本の合目的な利用）と財貨生産活動に分化する傾向があることに注目し、前者を企業体、後者を経営体として概念的に把握する。

資本の分散の程度などにより、所有と経営の分離の実態は多様であるが、企業家は一般に最高管理しかも財務の最高管理に専念するようになっており、この様な最高管理が、本来の管理を通して労働を支配している。そしてこの場合の財務活動―企業体の目的は、収入と費用の差である利益、さらには資本利益率をできるだけ大きくしようとするものである。このような企業体の目的によって経営体が支配されるといった形で両者が結合し、産業体が形成される。さらに産業体の購入―製造―販売といった一連の活動は、（貨幣価値で表示された）価値の流れ（der Fluss der Werte）としても捉えられるが、それは企業体の目的に支配されるゆえ、費用―収益の流れとして、その差額の利益をできるだけ大きくする活動としてあらわれると主張している。

この様な主張の中には、概念的整理や論理展開の点で多少の問題を残している点もある様に見えるが、未だ経営学の形式的論議が中心であった、一九二七年の段階で、経営学の対象の具体的内実を、今日で言う階層的分化と水平的分化の関連において的確に提示していること、しかもバーリー&ミーンズの著書『株式会社と私有財産』（一九三二年）より五年前に、所有と経営の分離を「今日」の企業の趨勢的特徴として認識していることは、改めてその先見性が評価されてしかるべきであろう。

さらに馬場敬治は、前述した経営学の認識対象の形成と密接不可分な関係をもつと考えられる、経営学独自の共通の基本問題を提示する。何故なら特定の科学の認識対象を決定する作業は、当該科学の既存の諸研究の中に蓄積された資料から独自の共通の基本問題を選択し、その問題の特質を概念化することによって行われるからである。

こうして彼は、前述の「経営学方法論」「経営学研究」において、産業体における価値の流れと組織における人と人との関係すなわち組織の問題とを二大基本問題として提示する。前者はドイツ経営経済学の伝統的な研究内容であり、後者はドイツ経営経済学の中にもみられるものの、むしろ米英の管理論における主要なテーマであった。すなわち彼は、国際的にみられる相当異質の経営学の展開状況に複眼的考察を加えて、このような基本的課題を提出したのである。しかも馬場敬治の独自性は、二つの基本問題をバラバラにではなく論理的に関連づけ、統一的に解明するところに、理論経営学の基本的課題があるとしたことである。何故なら価値の流れは、企業家またはその他の経営者が支配する組織を通じて行われ、企業家などが組織に属している人々を支配するのは、彼らが目的とする一定の価値の流れの増加を実現するためであるからである。

馬場敬治が、すでに一九三一—三二年に経営学の基本的課題として、価値の流れと組織との統一的把握を明確に提示したことはきわめて卓見であった。その後の経営学の基本的な発展方向は、それぞれ立場は多様であれ、またウェイトのおき方に違いはあれ、この基本的問題の解明を行ってきたとみられるのである。

この点日本におけるいわゆる個別資本説の提唱者である中西虎雄が、一九五八（昭和三三）年経営学会における記念講演「経営学の回顧と展望」において、自らのかつての主張に対して資本の運動を価値的側面と使用価値側面との統一として捉えるべきなのに、後者を機械的に分離する傾向があり、このゆえに「価値の流れと組織の問題との統一的把握ができなかった」と主張したことは、極めて印象的である。

そして馬場敬治は、『経営学の基礎的諸問題』（日本評論社、一九三四年）において、両者を統一する要因の一つとして計算価格をとりあげている。それは、産業体における価値の流れ（価値犠牲―原価と価値生起―利益）に対して企業家ないし経営者が、その目的である営利目的を達成するために意識的に評価し、決定する価格であり、需給関係によってきまる市場価格が自然法則的性格をもつのに対し、目的論的価格の性格をもっている。そしてこれがどう決められるかによって、経営活動の方向とその態様―組織の動きが規定されるのである。さらに同書において馬場は、原価の本質を追究して機会原価の概念に到達し、組織の本質を求めて一般組織論の批判的検討を始めた。

第三節　馬場敬治経営学と組織理論

上述の様な形で提示された馬場敬治の経営学は、その後、一方において技術と経営・経済・社会という形でより広角域において展開されていく。それは、一面において二〇世紀が技術の時代――技術が社会、経済そして産業体に広汎な影響力をもつ時代であるという時代認識に基づいている。

他面においてそれは、馬場が若くして工業経済のメカニズムをあきらかにしたいという（旧制）高校時代からの願望でまず工学部に進み、ついで経済学部に学んだという、彼の多年の想いが結実していったものでもあった。そこで技術と経済の相互関係に分析のメスを加え、技術を社会（科学）的技術と自然（科学）的技術からなるものとして把握し、後者について、機械、装置に彼の判断によって施設を加えている。技術と経営・経済・社会の問題は、正に今日の課題であり、第二次大戦前に、この問題を正面から扱った経営学者は殆どいない。ここにも馬場敬治の先見性がみられる。またその研究は前述したように、いわゆる学際的アプローチの展開にもつながっている。

『技術と経済』（日本評論社、一九三三年）、『技術と社会』（日本評論社、一九三六年）、『化学工業経済論』（共立社、一九三八年）、『組織と技術の問題』（日本評論社、一九四一年）がその成果である。

他方馬場敬治によれば、二〇世紀は組織の時代でもあった。社会における事象は、殆ど例外なく、何らかの組織内部の事象または各種組織間の何らかの交渉の結果として生じていると主張する。この認識の下に、馬場敬治独自の組織理論を『組織の基本的性質』（日本評論社、一九四一年）において提示している。それは、馬場が経営学の基本問題の一つとしてすでに提示したものであり、『経営学の基礎的諸問題』で始めた一般組織論のサーベイ研究を発展させたものであった。

まず馬場は、組織とは〝少なくともある程度に統一的に動きつつある人間の結合体〟ないし〝何らかの程度に統一性をもつ人間集団〟であるとする。その本質的要素は、複数の人間による組織活動である。このような統一性は、ある観点からみた統一性であり、また意識的統一性である。このような統一性をもたらす力が調整力であり、これによって組織における各人の活動は統一的方向＝行動方向にむかうのである。この場合、組織の行動方向は、組織の目的と必ずしも常に一致しない。何故なら第一に、組織目的は各人に必ずしも明確に定式化されず、感情的に把握されている面があるからである。第二に、組織目的の実現についての因果連関の見通しをあやまることがあるからである。

このような馬場敬治が提示した組織理論が、近代組織理論の開拓者C・I・バーナードによる『経営者の役割』（一九三八年）のそれと、組織の本質的な認識においてかなり共通していることに気づく人は、筆者だけではないであろう。残念ながら、時代は文献を通じての両者の相互作用さえも許さなかった。馬場敬治がC・I・バーナードの主著に目をむけることができたのは、第二次大戦終了以降である。彼の組織理論構築に多少とも影響を与えたとおもわれるものは、ドイツのJ・プレンゲと米国のJ・D・ムーニイ＆A・C・レイリーだと思われる。しかし日本の経営学者としては早くから米英の管理組織論に注意をはらっていたにもかかわらず、バーナードと同様、組織一般の本質的理論を構築しようとすると、管理組織論を含め拠るべき既存の学問的蓄積が殆どなく自ら創出せざるをえなかった二人の学問的志向がくしくも、同質の組織認識を提示させたといえよう。――なお馬場は米英の管理組織論を戦前においてすでに、静的なアプローチとしている。

また組織の定義の中に、組織の目的をあげていないことにも注意したい。周知の様に、C・I・

バーナードは、フォーマルな組織の三要素として伝達、協働意欲と並んで共通目的をあげたが、それを定義する際には、二人もしくはそれ以上の人々の意識的に調整された活動および諸力の体系とした。この様な説明様式を組織についての重要な認識が両者によって与えられているとみるかどうかは、おそらく第三者の組織に対する理解の違いによって異なるであろう。筆者は、ここに組織の本質についての両者の深い理解が、はからずも同じ表現形式をとってあらわれていることに注目したい。

さらに次の様な馬場の主張を顧みる時、バーナードに半ば潜在し、H・A・サイモン、J・マーチなどによって意識的に発展させられた、組織成員の認知能力の限界、それを主因とする組織内部の変動要因の積極的作用、しかもなお組織が分解せずに調整された組織行動が生み出されていくメカニズム、こういった動態組織論との本質的類似性に驚くのである。すなわち馬場は、既にみた組織目的と行動方向のずれということで、組織における統一性の限界を示すが、さらに組織の多様性を強調する。組織目的をめぐる現象は、組織の各部分、各人の相対的独自性の存在を示している。これにより各部分間の内部的摩擦に基づく多様性―不統一性を組織は示すのである。しかもそれは、各部分の分業的能力の発揮、個性に基づく創意の発揮となる時には、組織目的の達成にはむしろ寄与する場合がある。さらに組織で働く諸力がたえず新しい結合に入り、不断に新しい関連が交替して生まれてくる過程＝無定態過程とも呼ぶべきものがある。その動きは見通しえず、ほとんどあるいは全く統制外にあり、それは組織外部・内部に通常に存在している、凡ての組織に共通にみられる基本的特質なのでである。ここには、静態的組織構造論を超えた動的組織過程観が提示されているのである。

馬場敬治の独自の組織理論は、こうして第二次大戦直前に一応完結していた。ただ彼にとっても学界にとっても、不幸であったのは、日本の経営学は勿論、社会科学一般においても、これだけ組織問題を現代社会の中枢的な課題の一つとしてとりあげようとする問題意識が希薄であったということである。そして第二次大戦による国境の閉鎖によって、米国における組織論の展開との交流はたたれざるをえなかった。こうして馬場は、殆ど独力で組織論の研究を進めざるをえなかったのである。元々多作であった馬場は、第二次大戦中著書はおろか論文も殆ど公にしていない。このことの意味はおそらく多様であろうが、推測はさし控えたい。

そして第二次大戦終了後の一九四七年馬場は、『組織の調整力と諸理念型』（日本評論社）をあらわした。前述した意味において組織の統一性をもたらす調整力は、組織研究の中枢的地位を占めるという判断が働いていた。それは統率者が他の人々に自己の意思に従わせる能力である勢力によって調整が行われる勢力型と、勢力に差がないメンバー間の自由な合意に基づいて組織活動が生み出される組合型に大分類される。そして前者は、勢力の種類によって指導型・支配型・強力型に、後者は合意形成の要因によって道友型・共益型・共衛型に再分類される。さらにこれらに基づいて混合型がとりあげられる。こうして馬場敬治は、調整力に基づいて一般組織論のさらなる具体化を試み、比較組織論の領域を開拓した。ノンプロフィットオーガニゼイションを含む比較組織分析が今日活発に進められているが、その先駆ともいえよう。なお馬場は、この著書において現代の工業経営組織を勢力組合混合型としている。

第二次大戦後、若干の期間は米国など海外の文献を入手することは、不可能であった。馬場はアメリカ文化センターに通い、空白期に刊行された米国の経営学―組織論の文献を貧る様に読んだ。そしてやっと米国の経営管理論に本格的に注目しだした日本の経営学界の中で、早くも一九四八（昭和二三）年以降E・メイヨーに始まる人間関係論、さらにC・I・バーナード、H・A・サイモンの業績について批判的サーベイを日本の学会に導入した。特に後の二者の業績を高く評価し、これが米国の組織論の理論的基礎となることを見ぬいている。それは、馬場自身の言葉にもある様に、米国でも当時、メイヨーグループの研究の方が代表的である様に評価していると思われる著作が多かったにもかかわらず、あえてなされた馬場の先見的判断であった。それは、独力で組織理論の開拓に全力をむけ、両者の著書に触れて「空谷跫音を聞く感あり」と述べた馬場にして始めて下しうるものであったろう。

そして馬場は『経営学と人間組織の問題』（有斐閣、一九五三年）を公刊した。

それはE・メイヨー、C・I・バーナード、H・A・サイモンの業績を批判的に検討する論文も掲載しているが、そこで馬場は、経営組織は、現代社会の基調的組織であり、その解明を積極的に行う時、経営学はその対象にふさわしい研究成果を実現することができると主張している。

そして経営組織がその中核になると考える。それではかつて馬場敬治が提出した価値の流れと組織の統一的把握という経営学の基本問題はどうなるのであろうか。これについて言えば彼は、価値の要因を組織活動の一契機へと転化させて認識していったといえるであろう。すなわち組織活動は何らか価値あるもの＝成果を生み、何らかの価値犠牲＝コストを生むものとして把握されうるからである。——ここにもバーナードの組織経済との本質的類似性をみることができる。そしてこれをふまえて今日の典型的経営組織は、企業家が勢力関係において優越した地位を占め企業家的価値観点からの価値諸前提が組織のフォーマルな伝達過程を左右していると一応捉えられると考える。但しそれが唯一の観点かというとそうではなく、別の観点から例えばデモクラシーの根本理念の実現の立場に基づいた成果とコストという観点からの把握も可能であるとしている。そしてhuman costの概念にも言及している。

馬場敬治の多年にわたる理論経営学構築の努力は、最終的に分化的研究の限界をとき、その総合的研究の必要を強調するものとなった。その具体的姿は、論攷「経営学の動向」（高宮晋編『経営学辞典』ダイヤモンド社所載、一九六一年）において、次の様に示されている。すなわちいわゆるフォーマルな組織の経営理論プラス組織における人間関係の理論＝狭義の経営組織論を中核としながら、経営組織における価値の流れの理論、技術と経営の理論、経営と社会の理論とを組織論的視角において総合的に把握することにあるということである。そして馬場は、この様な問題意識を共有する人々との共同研究の場として、学会の成立を期し、一九五九（昭和三四）年組織学会を創立した。

しかしこの雄大な経営学の構想のより具体的な展開は、今日においては早い六三歳の馬場敬治の一九六一年の逝去と共に閉じられてしまった。ただし彼がこの世に残した学問遺産のより具体的な展開は、今日においても継承発展させるべきものが少なくないといえるであろう。

（岡本　康雄）

本章は、岡本康雄「馬場敬治経営学の形成・発展の潮流とその現代的意義」経営学史学会編『日本の経営学を築いた人びと』（経営学史学会年報　第三輯）第四章、文眞堂、一九九六年より転載。

第五章　古川栄一博士と経営学

――部門管理から総合管理への理論的考察――

第一節　はじめに

古川栄一（一九〇四―一九八五年）博士は、東京商科大学を一九二九（昭和四）年に卒業され、ただちに山口高等商業学校（現在の山口大学経済学部）に就任した。その後、一九四一年に東京商科大学商学部（現、一橋大学）助教授に転任し、一九四八（昭和二三）年には同大学教授に就任する。一橋大学を一九六八（昭和四三）年四月に定年退官後、青山学院大学、亜細亜大学などで教鞭をとられた(1)。

その間、博士の研究業績は、四〇〇編を優に超える膨大な数にのぼっている。これらの研究業績を十分に咀嚼し、博士の一貫した研究業績を把握することは容易ではない。ましてや古川経営学説を精緻に論じるに至っては言わずもがなである。ベストは尽くすつもりでいるが、筆者の力不足で博士の学説価値を損なうようなことがあれば、それはすべて筆者自身の責任であることはいうまでもないし、そうなることを怖れている。

先に述べたとおり、博士は、一九二九（昭和四）年に東京商科大学（現一橋大学）を卒業後、ただちに山口高等商業学校（現在の山口大学）に就任された。博士はこの山口教員時代に早くも学界に注目される著書を次々と著わしている。『予算統制論』（一九三三年）、『経営比較論』（一九三五年）、そして『経営計理論』（前編、後編、一九三七年）の労作三編である。これらはいずれも古川経営学の形成に大きな意義をもつものと考えられる。

本章では著者の著書を時間軸にしたがい、古川経営学の形成過程を代表する著書を四つに分けて論じることにする。その一つは、冒頭で述べたが、古川経営学の生成期を代表する著書は、『予算統制論』ならびに『経営比較論』、そして『経営計理論』（前編、後編）の三編といえる。その二つは、教授の戦前のドイツ経営経済学研究から戦後のアメリカ経営学研究への転換期を代表する著書、即ち『新経営者論』（一九四八年）、『アメリカ経営学』（一九四八年）、『新経営者―経営者論の展開―』（一九四八年）、そして『経営管理』（一九五一年）の四編である。

その三つは、二つの学問的研究と並行して、戦後におけるわが国経済・産業発展への理論的・実践的貢献を果たした著書、即ち『内部統制組織』（一九五一年）、『財務管理組織』（一九五三年）と、その一〇年後に著わした『財務管理』（一九六三年）および『利益計画の立て方』（一九五六年）の四編である。そして四つめが、トップマネジメントの体系的理論の確立を代表する著作、即ち『現代の経営学』（一九六二年）、『安定成長の経営学』（一九七二年）、そして『企業成長とトップマネジメントの役割』（一九七三年）の三編といえる。

これら四つの古川経営学の形成過程を代表する著作内容を俯瞰すると、著者の研究テーマは一見多様にみえるが、古川経営学という視座において、すべての著作内容は、一貫して経営学の部門管理から総合管理へと進む道程であるという点で整合性が保たれていることが理解できるのである。

第二節　古川経営学の生成発展期
――ドイツ経営経済学からの研究の黎明期――

著者の経営学研究は、ドイツにおける経営経済学からはじまったと考えられる。博士の東京商科大学の指導教授、増地庸治郎博士はドイツで経営経済学を学ばれ、ドイツからの帰国後に『経営経済学序論』を一九二六年に刊行した。経営経済学は、増地ゼミ初期生である博士の経営学研究の出発点ともいえる。(2) 先に述べた『予算統制論』、『経営比較論』そして『経営計理論』の三編は、すべてドイツ経営経済学が基礎になっているものと考えられる。

予算統制は、当時の学界では、経営学者より会計学者が中心に研究が進められていたが、実務面でも深く実践されている段階ではなかったと考えられる。当時、予算統制が会計学的視点から考察されていた事実は、予算統制研究の先駆的研究者のひとり、長谷川安兵衛博士の著書『予算統制の研究』のなかの次の文章から読みとることができる。(3)「ここに論究する予算統制は、高度の会計学的発展より生じたものにて、企業の未来活動への会計学的応用である。従って予算統制の経営的効果がこうむる偉大なるものであるとはいうものの、学問上予算統制は会計学の学域に属すべきものである。」と述べておられる。

著者は、長谷川博士の会計学的予算統制の考え方に対して次のような経営学的予算統制の見解をあらわしている（古川栄一『予算統制論』森山書店、一九三三年、序文、一―三頁）。「予算統制は予算による経営活動の合理化をめざしている。従来のいわゆる科学的管理法によって経営経済の組織的、いわば空間的合理化が問題とされたのに対して、予算統制はその未来活動に対する統制であり、いわば経営活動の時間的合理化である。しかしてこの空間的合理化と時間的合理化とは不即不離の関係にあるべきものであり、従って予算統制は、経営経済の科学的管理に対する極めて重要なる一方法である。」さらに教授は次のように論を続ける。「経営経済においては、生産活動は常に販売活動とうまく調和を保たねばならぬ。生産のための生産ではなく、販売のための生産であるからである。従って、先ず将来の販売市場に対する予測を行い、次にこれを基礎として生産計画をなし、かくして出来るだけ滞貨の生じないように経営活動を続けてゆくことが必要である。」と論じる。

予算統制を経営学的視点から追究した博士の予算統制論は、将来の経営活動に対する経済的管理を目的として、いわば未来数字による経営活動の時間的合理化がその特徴となっている。博士の予算統制研究では、以下の三つの問題点が中心的な重要課題となってくるのである（古川栄一『同書』三三―三四頁）。

（一）経営経済の管理組織　予算統制の有効なる実施が管理組織の良否と極めて密接な関係にあることは予算統制が経営管理の一方法である点より明らかである。

（二）予算の編成　予算編成の成否は、予算統制の全運命を支配する重要問題である。従って、予算統制の研究においては、この点にその主力が注がれることになるのはいうまでもない。

（三）予算の実行　たとえ正確なる予算が編成されても、それが実行されないならば、まったく無意味である。予算統制は実に編成された予算が経営経済で実現されて、初めてその経済的管理たる任務を果たしたことになる。

こうして、経営戦略の基本である plan（計画）、do（実行）、see（評価）の考え方は、著者の予算統制の経営学的研究が、戦後における高度経済成長下にあったわが国の予算統制研究の盛況とその実務への普及に大きな貢献をはたしていることは疑う余地のないことである。しかも、この著書が刊行された昭和初頭において、予算統制をたんなる会計手段ではなく、経営管理の効果的手段とみなし、予算統制が経営の経済的管理を目的とし、経営全般のいわゆる全般経営者のための管理的要請にかなうものと考えられたことは、教授の一九七〇年代の著作、トップマネジメントとしての経営学の発展を示唆し、それ以降の経営戦略研究の基礎をなしているように思われる（古川栄一『同書』三二頁）。

著者は、卒業論文「経営経済学に於ける利潤概念」やその後の著書にみられるようにドイツの経営経済学の研究に傾倒した。[4] 予算統制論の本質ならびに予算体系は、こうした経営経済学的視点による予算統制の主張のなかに具現化されている。以後、この『予算統制論』は戦後のアメリカの予算管理の発展の影響のもとに、いくたびも改訂・増補されたが理論的整合性は常に一貫している。(5)

次に『経営比較論』(一九三五年)であるが、これもドイツ経営経済学者が提唱した学域といえる。柴川林也博士は、著者のこの経営比較論を次のように端的に説いている。(6) 即ち博士は「著者の経営比較論は、経営者的経営比較の確立化を志向せられ、それは経営計理制度の一部門を占めるものとされている。いわゆる経営比較は、今日一般化した名称でよばれている経営分析とはその範囲および目的を異にする。この経営者的経営比較の積極的主張は、会計学者の考える経営比較の体系化と異なり、収益性を中心とする資本利益率をもって全体比較とされているものであることは周知のとおりである。」と述べている。また、柴川林也博士は言葉を続けて次のように説明する。「著者の経営比較論は二四年に改訂され、その後『経営分析入門』(昭和三〇年)そして『経営分析』(昭和三七年)が公刊され、その改訂版が一九六九(昭和四四年)年に刊行されることになる。この一連の経営分析に関する研究において、初期の経営比較論の労作を発展させつつ、特に収益性分析をより一層内容的に検討せられ、経営分析を現状分析、回顧分析に終らせず、むしろ未来志向的な展望にたった問題意識のもとに利益計画をその体系に包摂されていることは、著しい特色として指摘されなければならないであろう。」と締め括くっている。

著者の経営比較論の最終目的は収益性の測定であった。この収益性の測定という目的を達成するには、三つの部分比較が必要であると唱える。一つは財務比較による資本構成の測定、二つには原価比較による経営態様の測定、三つには各種経営技術の測定がそれである。資本構成の測定は、資本の調達源泉である自己資本と他人資本（負債）の構成であり、この相互関係は収益性に重大な影響を及ぼす。原価比較による経営態様の測定とは、収益性の増減は費用構成によって違ってくるのであるから、組織的な原価比較は収益性の高低に著しい影響を及ぼすといえる。従って、原価比較の重要性を説いておられる。

各種経営技術の測定とは、例えば技術的合理化の程度、製造方法等に対する測定や製造計画、その購入、販売、配送その他の管理技術の測定が含まれる。経営技術的測定を行うことにより、収益性の測定をより精緻化できることになるからである（古川栄一『経営比較論』同文舘、一九三五年、一五〇―一五五頁）。

経営比較論の目的を最終目的と部分目的にわけて体系化し、三つの部分目的を正確に達成することにより、最終目的である収益性の測定を数字であらわし明瞭かつ視覚化することで、経営全般管理の視点で経営比較論が形成される。この点が「経営比較論」の特徴の一つといえる。

初期の古川経営学の中で『経営計理論』（前編・後編）は最も特筆すべき著作といえる（古川栄一『経営計理論』（前編・後編）東洋出版社、一九三七年）。この経営計理論の意図するところは、経営計理に関する会計学的知識を経営経済的観点から整理体系化すること、また、計理には決算報告的計理と経営統制的計理が存在することを明らかにすることであった。柴川博士はまた、著者の経営計理論の意図を次のような文章で表現している。[7]「たんに管理に役立つものとして発展してきた種々の方法をどのような経営計理の体系に位置づけるかという問題の研究につきるものではなく、この古川栄一先生と経営学の経営計算制度の学的帰属を明確にするということでもあったのである。」と説いている。

経営計理は当時、多種多様な形態がみとめられた。例えば簿記、原価計算があげられるが、これらは主として会計学の研究対象であった。著者は経営計理と会計学との関係について次のように述べている。「会計学の性格やその研究範囲については、それぞれ見解を異にするが、英米ではAccountingを意味する。会計学は経営における計算記録の技術および手続に関する簿記より生成発展して、その計算結果の批判ならびに本質的研究にまで進化したものと考えられる。学者によっては、会計学は必ずしも簿記の計算形式を前提とするものでないと論ずるけれども、その内容の多くは貸借対照表、損益計算書との簿記的計算の範囲に限られ、即ち期間的損益計算を対象とする。……一方、経営計理は会計のごとく必ずしも期間的限定を受けるものでない。広く経営経済における生活過程の計算的把握と、その数字的管理の手段となるべき計算方法を意味し、簿記的期間計算のほかに、原価計算的単位計算および統計的比較計算をも包括する。」と説明している。簿記、原価計算以外にも比較計算が当時重視されつつあった。従って、会計計算のほかに、経営比較、予算統制ならびに経営統計といった各計理方法をどのように体系化し、どう位置づけるかが博士の重要な研究課題でもあった。

著者によれば、経営計理は具体的に個々の計算形式としてあらわれるが、その本質は経営の経済生活に役立たなければならない。そのためには計算技術的研究とともに、経済的実際的側面が重視されなければならないと説いている。

著者は計理の目的を報告的計理と管理的計理を区別することにより、それぞれ異なる任務領域（計理目的）と計理方法との関連から著者独自の計理制度の体系化を試みたといえる。結果、本書の構造内容は縦（計理方法）に期間計理（簿記と予算）、単位計理（原価計算）、比較計理（経済性計算・収益性計算）を位置づけ、横（計理目的）には報告的計理（決算報告的計理）と管理的計理（経営統制的計理）を体系している。管理的計理の主たる内容となる予算統制と経営比較はすでに著書としてあらわしているので、博士は戦後の管理会計の発展動向をすでにみすえていたものと思える。

第三節　古川経営学の形成期
——戦前のドイツ経営経済学から戦後のアメリカ経営学への転換——

著者の研究対象は戦前のドイツ経営経済学を基礎とした予算統制、経営比較、そして経営計理論から、戦後のアメリカの経営管理、経営者に研究対象を転じていく。一九四八（昭和二三）年から一九六三（同三八）年にかけては、古川経営学の形成期といえる時期であり、『アメリカ経営学』（一九四八年）、『新経営者論』（一九四八年）、『新経営者—経営者論の展開—』（一九四八年）そして『経営管理』（一九五一年）、『財務管理組織』（一九五三年）、『財務管理』（一九六三年）を代表的な著書としてあげることができる。

『アメリカ経営学』の序文によれば、戦後の経済再建の基盤を確固なものにするためには、企業の健全な立ち直りが急務であること、そのためには生産力を復活するための新たな合理化方式を取り入れなければならないこと、その方向は民主化の路線にそって実施されるべきことを提唱している。さらにわが国企業の再建整備に必要なことは、世界経済と密接な関係を保ちつつ、特にアメリカとのつながりを最も重視しなければならないことを説いている。

博士は続けて、これまでの日本の経営学は若い学問として、主としてドイツ経営学の影響のもとに、その理論的基礎づけが急務であり、内容の充実よりはまず体系の確立とその形式的整備に追われてきたために、実践的なアメリカ経営学はあまり歓迎されなかったこと、そのために日本でのアメリカ経営学の研究の多くは、資料としてドイツ経営学の肉づけのために取りいれたにすぎず、必ずしも日本経営学へのアメリカ経営学の真の意味での消化は、これまで充分な努力が払われていなかったと述懐している。従って、日本の経営学は戦後の新たな局面として、真正面からアメリカ経営学を取り入れなければならないことを主張し、古川経営学研究の方向を明確にし、その体系化に努めたのである。

著者はこの著作のなかでアメリカ経営学の実態は「経営管理学」であるとする。アメリカ経営学はアメリカ産業の発展につれて生まれた大規模経営の管理実践から生じたものであり、専門経営者の学問として発達してきたもので、「経営者経営学」として理解できる。博士はこの「経営者経営学」がアメリカ経営学の大きな特色であること、さらにアメリカ経営学の動向が、社会的存在としての経営の制度的な性格を強調して、経営者的方法から新たな制度的方法への転換を主張している。制度的方法による新しいアメリカ経営学は「制度経営学」と呼び、この制度経営学が経営学の進むべき方向と考えてもいる。

制度経営学は経営活動における出資者と経営者と従業員と消費者との実質的調和の問題と、さらに経営活動と社会的利益との一致の問題に対する理解が、明確に自覚して科学的に取り扱われている。それは経営者経営学が経営の創造的根源力としての経営者の優位的地位、いわゆる「支配的経営者」に代わって、ゴーイングコンサーンとしての統一的経営を重視しなければならない制度的方法を重視する「制度的経営者」が必要とされたのである（古川栄一『アメリカ経営学』同文舘、一九四八年、一一六八頁）。

著者のアメリカ経営学の制度経営学の方向の捉え方は、今日の企業における企業統治、社会的責任、ステークホルダー（利害関係者）との調和の思考発展を明らかに示唆するものと考えられる。

次に、『新経営者—経営者論の展開—』では、こうした方法論の転換にともなって、異なる二つの経営者論、即ち「支配的経営者」と「制度的経営者」についてそれぞれその特徴をさらに明らかにした（古川栄一『新経営者—経営者論の展開—』森山書店、一九四八年、八六—一一七頁、一一八—一四八頁）。それは従来からの中間経営者論や全員経営者論に対する批判さらには新経営者論批判の再批判などについての積極的主張をみることができる（古川栄一『同書』二〇九—二五八頁）。

一九五一年に出版された『経営管理』は、戦後のわが国の企業経営にアメリカのテイラーシステム以降の新しい経営管理を取り入れて、わが国経営内容の充実を図るとともに、アメリカの科学的経営管理について理解を得ることを目指したものである（古川栄一『経営管理』新紀元社、一九五一年、序文一―四頁）。その内容は近代的経営管理の発展の基礎となっているテイラーの科学的管理法について明らかにし、加えて経営全体の活動領域に対する経営管理の体系について考察している。

経営管理の進行過程は、経営計画の樹立、その実施の調整および結果の評価を通じて理解され、特に管理機能の遂行過程のなかで経営者のリーダーシップがどのように現実化されるかについて明らかにしている。特にそれはトップマネジメントに主眼をおいている。その理由は現場監督者層の作業管理については、わが国でも、すでにすぐれた研究が発表されているし、むしろ最高経営者を中心とする上層部の経営管理の展開が必要であったからである。

とりわけ上層部の全般管理者を中心として、最上層部の取締役会と経営者集団との関係（古川栄一『同書』一二三―一四八頁）、経営者集団が遂行する経営管理をめぐって企業の利害者集団との間に生じる関係を問題（古川栄一『同書』一五一―一七五頁）としている。加えて、経営管理組織におけるスタッフ部門の重要性を強調し、その代表的な部門のコントローラー制度について考察している。当時、著者は、戦後のわが国でもこのコントローラー制度の導入の必要性を力説している（古川栄一『同書』序文三頁）。コントローラー制度は米国における大規模経営の著しい拡大と、その経営内容の複雑さ、例えば大規模化による社会的責任の発生からコントローラー制度を取り入れ、それはこれまで財務部が担当していた経営管理機能を分離独立させる結果生まれた制度であり、将来わが国企業の大規模化と経営管理の必要性を予見した、わが国企業への画期的な導入と理解できる。

一九五三年に刊行された『財務管理組織』は、経営管理の中で重要な側面をもつ財務管理の本質とその組織に関する研究で、財務管理を経営管理の一形態として、その本質的理解のもとに、それの対象とする財務活動の特質について究明した著作である（古川栄一『財務管理組織』第五版、森山書店、一九五九年、序二頁）。著者はこの中で財務活動の特質について次のように述べている。

即ち、財務管理には「執行的財務活動に対する直接的財務管理（狭義の財務管理）」と、さらに企業におけるあらゆる執行的経営活動を総合し、統一化している「統制的財務活動に対する間接的財務管理（広義の財務管理）」との、本質的に異なる二種の財務管理の領域の存在することを明らかにし、この広狭二種の財務管理概念がこの著書を貫く基本概念であるとする。この考え方は経営財務の問題を経営学的観点から考察することによって、財務管理論を確立する、博士独自の考え方と理解できる。

経営財務の問題は、これまで経営財務論、企業財政論、企業金融論などの名称で論じられ、その内容は、長期資本の調達に関するものであった。これに対して著者はこの著書の中で、企業における資本調達がその資本需要ないし資本運用との関連において、総合的・統一的に考察されるべきであることを強調する。即ち、著者の提唱する財務管理論は、資本運用を基礎として、そのために必要とされる資本調達を、これと相互関連的に、総合的に把握しようとする独自の主張だと解釈できるのである。(8)

しかしながら本書は、著者のこれまでの研究を財務管理の観点から整理したものであって、財務管理論としては、なお問題の一端を示しているにすぎないことにも言及する。特に本書は財務管理用具としての経営計理制度と、財務管理組織の研究に重点がおかれ、むしろ財務管理の対象として内容的重要性を有する財務活動については、その本質的意義をあきらかにするにとどまり、その問題の具体的展開は、すべて今後の研究に譲られる、としている（古川栄一『同書』序五頁）。

この『財務管理組織』で十分に検討されなかった課題を論じ、解明したものが、その一〇年後に著わした『財務管理』（一九六三年）である。

著者の「財務管理論」は、資本調達中心の従来の企業金融論に対して資本運用中心の財務管理論を提唱し、それを管理手段と管理組織の両面からその本質を具体的に解明したものである。この『財務管理』は『財務管理組織』では扱われなかった財務管理の全体系とその内容がすべて網羅されている。

この『財務管理』は、これまでの経営財務論や企業金融論、会計論の側面でなく、経営学的な視点から捉えた経営財務研究の著者の集大成ともいえるべき著作といえる。したがって、ここでは著書『財務管理』について少し詳細に論じることにする。

『財務管理』では、まず財務管理の領域と課題を明らかにしている。経営学的研究として、当時も企業財務の重要性は当時認識されていたが、企業における経営財務問題の多面性のために、経営財務の範囲を確定することがいちじるしく困難であったことなどの理由で財務管理の領域は必ずしも明確なものとして論じられなかった。

企業における資本調達は長期資本の調達に重点がおかれていたが、経営財務の問題として取り扱うには株式や社債などの長期資本の調達だけでは十分とはいえないと解し、短期資本の調達にも経営財務の問題として言及している。短期資本の調達としての借入金、支払手形や買掛金・未払金などの短期債務は、企業における資本調達の一部分を構成している財務から構成される。これら長期資本および短期資本の調達を博士は外部財務と呼んでいる。これに対して内部財務とは、企業としての経営活動を通じて獲得される資本増加部分の財務であり、それは一種の資本調達としての性質をもっている。これは自己資本の調達とまったく同様に、企業にとっては長期にわたって、その経営活動のために使用できる資本部分を形成しているのである（古川栄一『財務管理』経林書房、一九六三年、一八頁）。なお、企業が経営活動をつうじて獲得した利益のうちの留保部分は、自己財務または自己金融と呼ぶ。自己金融または自己財務は、企業にとってきわめて重要、かつ健全な調達方法であるとも考えられる。

著者にとって、このように企業における資本調達について、その調達源泉の相違から、これを外部財務と内部財務に分けて考察することは、経営財務を経営学的研究に位置付けるためには、その学的領域を確定することが特に重要といわざるをえなかったのである。

資本調達に関する財務を外部財務と内部財務に分化する考えは、著者が主張するように、当時シュマーレンバッハ（E. Schmalenbach）も類似した考え方をもっていた。彼は、その経営財務に関する研究において、企業における経営財務の主要な形態として、これを自己財務（Selbstfinanzierung）と外部財務（Fremdfinanzierung）とに大別している。著者は、これが単に資本調達の形態の相違というだけでなく、資本調達を重視する従来の経営財務研究にとっては、経営学的に重要な意義をもつものとして注目している。企業の外部者から調達される資本（外部財務）と、企業みずからがその経営活動を通じて調達する資本部分（内部財務）とは、たんに調達形態の相違だけではない。それは企業の経営財務問題として、むしろ本質的な相違点をもつものと博士は理解している。

しかも、この外部財務と内部財務を別個の問題としてとり扱うのではなく、これらを相互に密接な関係のある経営財務の重要問題として、これを統一的に考察することが、新しい経営財務論としての「財務管理」の体系が形成される基礎になる、と博士は主張する（古川栄一『同書』二〇頁）。

企業における経営財務研究の問題領域は上述の資本充足のための資本調達面だけでは十分とはいえない。それは財務問題領域の一側面にすぎない。加えて、企業の経営活動の遂行にとって要求される資本の需要にも言及しなければならない。いわゆる資本運用の側面がこれである。

著者はマッキンゼーとグラハム（Mckinsey, J. O. and Graham, W. J., *Financial Management*, 1935, p. 6）の著書を引用して、資本調達と資本運用の相互関係を次のように述べている。即ち、「過去においては、財務管理の主要な構成部分は、資本調達に関するものと考えられていた。しかし、いまや資本は利益の獲得にたいして使用されるために調達されるものである。したがって、その有効な運用がなされるのでなければ、調達の目的もまた達成されないことになる」と述べ、この考え方は、資本運用を重視した新しい経営財務研究の重要性についての提唱であり、観点を変えると、これは外部財務にたいする内部財務の問題領域を重視した経営財務論であるともいえる。このような経営財務研究における観点の移動のために、従来の経営財務論にたいして、これを新しい財務管理論の主張であると博士は解している。

財務管理論の課題については、一つに、財務管理は資本調達とともに資本運用にもおよぶこと、二つには資本調達と資本運用との相互関係を重視し、むしろ資本運用を十分に考慮した資本調達が問題となること、三つには、企業の経営活動に対して全般的な責任のある経営者の観点から行い、経営者としての財務担当最高責任者（financial executive）の主体的立場から、企業における経営財務問題の統一的、かつ包括的な研究を行うこと、が財務管理論の課題であるとする、著者独自の理論展開を行っている。

古川財務管理論の体系は、これらの課題を解決するための理論構築をすることにあるといえる。著者の財務管理論の新体系は『財務管理組織』の項でも述べたが、財務管理を執行的財務管理、いわゆる直接的財務管理（狭義の財務管理）と、統制的財務管理、即ち間接的財務管理（広義の財務管理）とに分けることによって、性格の異なる二種の財務管理の密接不可分な関連を全体として捉え、経営財務の総合的、統一的解明を追究するところに本書の独自の発想を読み取ることができる。

財務計画は企業における財務活動の遂行のために樹立されるものであり、それは企業の経営活動に必要な資本の調達と運用、特に両者の均衡処理を目標とするものである。財務計画には現金収支の執行的財務活動に対する資金計画と、企業の経営活動の貨幣的評価に対する利益計画の二つが包括される。

財務管理を狭義と広義とに分けた用語を用いるとすれば、執行的財務活動を対象にしている狭義の財務管理の遂行のためには、財務計画の樹立の目標は現金収支の均衡におかれ、流動性管理が目標となる。一方、広義の財務管理は企業資本の循環過程をつうじて収益性の増進を図ることで、収益性管理が目標となる。したがって、財務計画は利益計画と資金計画が大きな二つの柱となり、利益計画には収益計画と費用計画の部分計画が立てられ、見積損益計算書を通じて表示される。他方、資金計画は現金収支計画、設備投資計画、そして運転資本計画が三つの柱となり、それらは見積貸借対照表を通じて表示されるのである。

財務計画が樹立されたならば、いよいよ財務管理の具体的内容へと考察が進められる。まず樹立した財務計画にしたがって、資本需要にたいする資本調達を行う必要がある。調達した資本は経営活動のために運用され、第一に経営活動の遂行にとって必要とされる資産所要額を決定しなければならない。第二には、この決定された資産所要額を、どのような源泉から調達するのかということであり、資本の調達源泉の選択が重要となる。

企業資本の所要額が決定したならば、次に財務計画にもとづいて、その資本調達が行われ、その調達源泉からみると一つは自己資本による調達で、二つは借入資本（負債）による調達である。

財務計画にしたがって調達された資本は、経営活動のために運用されるが、資本の調達と運用は財務管理の二大領域であり、両者の金額的、時間的均衡維持が、財務管理の中心的な課題となるのである。

調達された資本は経営活動のために運用される。資本を運用面からみると、企業資本は固定資産と流動資産に大別できる。財務管理の観点から企業資本をみると、それは設備資本と運転資本の二つに分類することができ、それぞれ設備資本管理および運転資本管理という財務管理をつかさどる。

著者の運転資本の概念は、調達された企業資本のうちで、短期間に返還を要する資本額以上に、流動資産に使用されている企業資本の部分を意味する。具体的には、それは流動資産の総額から、短期借入金を差し引いた金額をさしている（古川栄一『同書』一六八頁）。

運転資本は財務流動性の維持のために用いられ、運転資本管理としては、一方に資金計画を通じて財務流動性を確保しながら、他方では利益計画を通じて資本収益性をできるだけ大きくするような、運転資本の維持をはかることが目標とされる。資本の調達と運用は常に均衡状態を維持することが経営活動には必要となり、その管理が不可欠となる。なお、運転資本管理のための財務計画は短期財務計画として樹立される。

資本運用にたいする財務管理として、運転資本と並んで設備資本管理が重要であることは先に述べた。設備資本管理は経営活動の持続的遂行に不可欠なもので、企業の経営構造、生産規模を決定する条件にもなる。なお、設備資本管理のための財務計画は長期財務計画として樹立される。

企業資本の二大運用形態は運転資本と設備資本で、その管理は不可欠なものであるが、それだけでは完結しない。財務管理は経営活動の遂行と密着して行われ、広義の財務管理、即ち統制的財務管理の遂行のために、企業予算制度ないし予算統制を通じて遂行される。

企業予算制度または予算統制は、基本的には企業における購買、製造、資金（財務）など、各部門活動を通じて遂行される資本運用管理であり、それは企業全体の統一的な観点から行われる企業資本の期間的な総合管理制度から発展したもので、企業資本の総合管理のための財務管理の方法といえる（古川栄一『同書』二五四頁）。

企業資本の総合管理を有効に遂行するには、財務管理に必要な組織が必要となる。著者によれば、財務管理組織とは、企業における財務管理を遂行するための各担当者の責任と権限の関係を意味している（古川栄一『同書』三三三頁）。

財務管理組織は当時の財務管理論の研究では、ほとんど無視かもしくは軽視されがちな領域であった。しかし財務管理を組織として有効に実施するには、企業内部で財務管理を遂行する責任者とその責任と権限を明確にすることは不可欠な条件となる。

財務管理組織を整理、体系化すると、執行的財務管理または狭義財務管理を遂行する部門組織、即ち財務部または資金部と、統制的財務活動に対する統制的財務管理または広義財務管理を遂行する部門組織、即ちコントローラー部とに二分できる。したがって、前者がライン部門として、執行的財務管理を遂行するための直接的な執行責任者でありその権限をもち、後者がゼネラル・スタッフ部門として、取締役会または社長その他の全般管理者に対する補佐ないし諮問機関であり、その責任と権限を有していることになる。

このように、二種の責任と権限の機能を有する財務管理組織を当時計理部という単一の財務部門組織で包括されているわが国企業の財務管理機能が、財務組織の未分化のままで有効に財務管理が実施できない点を著者は指摘し、その改善策をここで提唱されている。

以上を要するに、著者の財務管理論は資本調達中心の従来の企業金融論に対して資本運用中心の財務管理論が提唱されているのであり、それを管理手段と管理組織の両面からその本質を具体的に解明され、財務管理を独自に体系化したものと理解される。それは狭義財務管理に対する広義財務管理の体系的主張ともいえる。

第四節　戦後におけるわが国経済・産業発展への理論的・実践的貢献

著者はドイツ経営経済学から戦後におけるアメリカ経営学への転換の時期において、新たな経営学の研究方向を明らかにし、その体系化を試みたことは、前述のとおりであるが、一方では、理論研究をつうじて、戦後における日本経済・産業の発展に意を尽くし、新経営学の理論展開を一層押し進めた。なかでも『内部統制組織』はその代表的な著作の一つといえる（古川栄一『内部統制組織』森山書店、一九五一年）。

わが国産業・企業の合理化を推進するため、当時、通産省（現、経済産業省）に設置された産業合理化審議会（現在の産業構造審議会）は、数多くの重要な答申を発表してきた。証券取引法の制定が一九五一（昭和二六）年に行われ、公認会計士による外部強制監査が実施されたのに伴い、内部統制の整備確立が不可欠な要素となったのである。

同審議会が公表した「企業における内部統制の大綱」（昭和二六年）、「内部統制の実施に関する手続要領」（昭和二八年）および「経営方針遂行のための利益計画」（昭和三一年）の一連の答申は、わが国企業の管理実践に対して有益な示唆を与えている。著者は、これらの答申の作成過程で委員あるいは委員長として参画し、その答申の解説をかねて一般への普及を企図されたものが『内部統制組織』

（一九五一年）ならびに『利益計画のたて方』（一九五六年）である。

著者によれば、内部統制の意味は広義と狭義にわけられる。内部統制の狭義の意味は、当時経済安定本部の企業会計基準審議会で制定された「監査基準」において、公認会計士の行う強制監査の受入体制として各企業でその必要性が強調され、ここでの内部統制は内部牽制組織、内部監査制度という意味をさしている。また広義の内部統制は、アメリカ会計士協会（ＡＩＡ）監査手続委員会の特別報告書として発表された「内部統制」（Internal Control, Special Report by the Committee on Auditing Procedure, AIA, 1949）のなかで、それは企業内部における経営管理制度と同義に解されている。

広義における内部統制の内容は、財務諸表の正確性、信頼性を担保するための会計上の諸制度をこえて、内部牽制組織、内部監査制度だけでなく、会計部門以外の他部門の諸活動、例えば技術的性格をもつ時間研究や動作研究、工程管理、品質管理にまで内部統制の範疇が拡大されている。産業合理化審議会での内部統制は経営管理の一形態であるとしても、経営活動の執行について直接関与する経営管理とは違い、計算的数値にもとづいてなされる間接的な内部統制であるとしている。当時のわが国における内部統制の意味は、監査基準に示されている内部統制よりはその範囲が広く、ＡＩＡの内部統制よりは狭義の内部統制である、と著者は理解している。(9)

「内部統制組織」は経営管理としての内部統制の組織で、統一した計算制度にもとづいてなされる。その実施は計算的統制を有効に遂行するために、スタッフ部門に所属する内部統制部門の組織的確立が必要となる。具体的には、例えば、監査課、統計課、会計課、予算課からなるコントローラー部を設置し、資金課、買掛課、投資課、売掛課からなる財務部と対比させる。即ち、計理部として従来一般に担当してきた諸機能のうち、予算、決算、原価計算、その他の計算処理に関する計算統制機能（経営管理機能）は、これを財務執行機能から分離独立させ、コントローラー部に吸収させる。これにたいして、資本調達、資本運用、現金収支の実施ならびにそれに伴う信用関係の処理は、企業の財務執行に関するものであるから、これらを財務部に専門的に担当させるようにする。(10)

内部統制を効果的に実施するためには、各種の計算的統制の方法と、実施に関する諸手続き、その責任担当部門の組織が必要となる。このような内部統制の遂行に用いられる計算方法、実施手続き、部門組織の全体が「内部統制組織」と総称されている（古川栄一『内部統制組織』、一二三頁）。

戦後におけるわが国企業は、内部統制組織の必要性に迫られていた。(11) その必要性の理由の一つは、企業の規模が拡大し、その経営内容が複雑になるにつれ、経営者は整備した内部統制組織を基礎とするのでなければ、企業が円滑で合理的な運営を行うことができなくなってきていること。二つには、わが国経済界の脆弱性、即ち当時のわが国経済は基礎が浅く、政治的変動ならびに外国経済からの影響を受けやすく、常に著しく変動性に富んでいたことなどに対処するものと考えられていた。戦後のわが国経済界は、脆弱性に対処するための確固たる国内組織をもっていなかったので、各企業はこれに対してみずからその防御手段、いわゆる内部統制組織の構築を緊急に講じなければならなかったのである。そのためには企業内部において確固たる内部統制組織を確立することが急務であった。

三つめの理由には、当時の改正商法では、取締役会が株式会社における経営活動の実施に伴う業務上の監査をなし、監査役は会計監査を行うだけであった。しかし、それのみでは、企業内部における監査の重要性を考えると決して十分ではなかった。したがって、この取締役会との関係からも当然内部統制組織の確立が必要となったのである。四つには、わが国企業に対する職業的監査人による外部監査制度の導入によって、企業自体においてはその受け入れ体制として、一層内部統制組織の確立が必要となった点である。著者の「内部統制組織」の考え方は、この通商産業省産業合理化審議会の答申と合致するものであり、わが国経済発展にとって必要不可欠な提案であり、国策として実施しなければならない急務の要請にたいする一つの回答であったと考えられる。

次に『利益計画の立て方』は、当時の通産省産業合理化審議会管理部会が「経営方針遂行のための利益計画」を答申し、内部統制の基礎となる利益計画についてわが国企業に勧告することを企図して発表したものである。著者はその解説をかねて一般普及をめざして著したものが、『利益計画の立て方』である。これは内部統制を各企業に浸透させて、その効果を十分に発揮する基本的な施策を確立する必要があるという観点から、内部統制の基礎となるべき利益計画について答申したものの解説書であった。

上述の「経営方針遂行のための利益計画」の答申書のなかで、利益計画樹立の必要性、重要性を次のように説明している。即ち、「利益計画の樹立は、設定された経営方針を実現するための予算編成の基礎として、特に損益予算の編成にとって直接の関係を有しているばかりでない。それは企業におけるあらゆる部門予算の編成の基礎となる。それゆえに利益計画の適否は、実に内部統制の有効性のいかんを決定するほどの重要な意味を有している。利益計画は、全般的経営方針の設定と内部統制の遂行を連結するきわめて重要な役割を有している。」との解説がなされているのである。[12]

利益計画は、企業の総合管理として利益管理に役立てられるもので、その責任者は社長およびそれを補佐する経営首脳者にある。企業の利益実現の有効な全般経営方針はコントローラー部が提供する各種の計数的資料にもとづいて検討され、その結果決定された利益目標はさらにコントローラー部において利益計画として立案される。それは収益計画と費用計画とを包括し、この具体的計画が社長の決裁をうけたならば、それぞれ関係部門に通達され、各部門予算編成のための基礎となる。利益計画は、たとえそれがコントローラー部で立案されたとしても、最終決定は社長によってなされるのであるから、最高経営者によって決定されたもので、全般方針の具体化されたものである（古川栄一『利益計画の立て方』森山書店、一九五六年、七頁）。

経営方針の設定と利益計画の樹立は、当時の近代経営の根幹をなすものであり、これがなければ経営活動の一貫性、資本効率の増進と生産性の向上は不可能に近い。わが国の企業が資本の蓄積に乏しいのは、当時、敗戦の結果でもあるが、明確な経営方針を欠き、適切な利益計画の樹立を怠っているための浪費によるところが多大であった、と答申の結語で結ばれている。経営方針と経営計画の樹立を怠れば、国際競争力の強化も従業員の生活向上も妨げられるのであるから、経営者の責任は重大であることを強調している。[13]

企業の方針として、目標とすべき利益率が明示されたとすれば、これは短期・長期にわたっての経営目標となる。目標利益率を考えて来年度における目標利益率をいくらにするか、その目標をどのように実現するのか、それを計画したものが利益計画といえる。戦後間もないわが国企業も規模の拡大や組織の複雑さに伴い、将来、資金計画、特に設備資金計画を立てることが緊要であった。従って、当時、利益計画の樹立は急務のことがらであり、それに対応する指針を立てることが、わが国産業の成長、発展には欠くことができない重要事項であったといえる(14)。

第五節　トップマネジメントの体系的理論の確立

著者が処女作『予算統制論』を書かれた昭和初頭から、例えば予算統制を経営管理の効果的手段とみなし、全般経営者のための管理的要請にかなうものと考えられたことは、すでにトップマネジメントとしての経営学の理論展開を予告していたかのようにみえる。『予算統制論』だけでなく、先に上げた代表的な著書は、その内容においていずれも総合管理の展開にほかならないのであるが、『経営管理』(一九五一年)のその後の発展は、さらにトップマネジメントの内容に新しい問題を提起することとなった(古川栄一『現代の経営学』中央経済社、一九六二年、二四―二六頁)。

その主たる問題の一つは、トップマネジメントの担う機能の一つとしての計画機能の重要化と、それに伴う長期経営計画の導入ならびに普及であり、その二つは企業環境の変化に適応する企業の経営理念の変化についてである。この三つの重要問題について、その後の一連の著書のなかに著者の主張を見出すことができる。即ち、『現代の経営学』（一九六二年）そして『安定成長の経営学』（一九七二年）、『企業成長とトップマネジメントの役割』（一九七三年）などである。

トップマネジメントを今後の経営学研究の主たる問題として取り上げた著書『現代の経営学』のなかで、著者は現代経営学の重要課題を四つに分けて行っている。その一つは、トップマネジメントそれ自体の問題領域である。トップマネジメントは企業経営の総合管理の担当者であり、企業経営の中核的存在である。企業経営の総合管理が部門管理を総括するものとして、今日の経営学では重要な意義を持つようになってきている点を教授は主張している。これまでの部門管理中心の研究から総合管理の責任者としてのトップマネジメント研究へと重心を移すべきことを提唱しているのである。

その二つは、トップマネジメントの担う重要な機能は経営計画の問題であり、マネジメント機能は計画、組織、統制の三機能である。マネジメントは計画樹立から出発し、計画機能がトップマネジメントにとってきわめて重要な意義を持つことになる。特に経営計画が短期経営計画から、さらに長期経営計画へと進展し、それがトップマネジメントに固有で重要な機能となっている点を指摘しているのである。

その三つは、トップマネジメントの管理機能として、さらに組織設定の問題が存在することを力説する。特に経営管理組織として、経営全般にわたる組織問題が重要な意味をもってくることを主張される。全般管理組織と部門管理組織の両種の階層組織を貫き、さらにラインとスタッフとの組織問題を解明することがトップマネジメント管理機能として重要であることを強調している。

その四つは、トップマネジメントの機能内容としては、計画機能、組織機能、統制機能が存在するが、最後の統制機能は、総合管理の担当者としてのトップマネジメントが、樹立した経営計画にしたがって、経営過程の実績評価を行う任務をもち、かつ利益管理により業績を評価しなければならないということである。トップマネジメントによる利益管理の業績評価が企業経営の最終結果であるので、今後はさらに注目すべきであるとその必要性を説いておられる。

著者は『現代の経営学』のなかで、経営学研究は、テイラーの科学的管理法から出発し、主として部門管理研究の重視からさらに全般管理、総合管理をつかさどるトップマネジメント研究の重要性へと指向すべきであると提唱している。

トップマネジメントに関する著者の研究は、予算統制、利益計画、分権管理など短期の総合管理についての研究からはじまり、次第に長期経営計画へと関心が向けられていくのである。特に、長期経営計画については、いわゆる三つの長期経営計画の類型、即ち、その一つは短期経営計画と同様に、長期経営計画もまた実行可能性のものとして、実行計画に属しているという第一類型の長期経営計画をさし、その二つは第二類型の長期経営計画で、実行計画である短期経営計画と密接な内容的関連性をもっているが、長期経営計画それ自体としては実行計画であることを要しない長期経営計画を意味する。そしてその三つは第三類型の長期経営計画こそは、ドラッカーの表現を借りれば、革新的要素を多くとりいれた戦略的思考の長期経営計画であり、サイモンの表現を借りれば、過去の実験にもとづいてプログラムされた意思決定ではなく、このプログラムされた意思決定をさらに超えた意味での、進んだノン・プログラムな意思決定（non-programmed decision）であることを要する（Simon, H. A., *The New Science of Management Decision*, 1961, pp. 5-6）長期経営計画をさしている（古川栄一『同書』一二〇―一二八頁）。

この第三類型の革新的あるいは戦略的思考の長期経営計画は、今日、経営戦略計画としてきわめて高く評価されるべきものであるといえる。著書『安定成長の経営学』では、特にトップマネジメントの経営理念（management thought or philosophy）について提唱している。経営理念とは、トップマネジメントの行動指針とされるものである。一九六七年に経済同友会が公表した『新時代における経営者の責任』のなかでの企業理念をみることができる。即ちトップマネジメントは、企業の外部的状況の変遷、とりわけ経済環境、社会環境の変化とともに、その内部的な企業成長と構造的変化という、企業の内外にわたるこれらの変革に対応して、経営理念をつねに再検討し、それを経営行動の拠り所として確立するべく、絶えず努力を怠ってはならないという意味での経営指針に他ならない（古川栄一『安定成長の経営学』同友館、一九七二年、二〇頁）。

トップマネジメントの経営理念が注目されるようになった背景には、高度経済成長による企業規模の巨大化、その集団化傾向と、コングロマリット（複合企業形態）、グローバルな企業活動（経営の国際化）の台頭など、企業自体の成長、発展による内部的変化がその要因の一つであるとともに、技術革新、流通革命、経済・社会環境の急速な変化、政府と企業の関係など、企業をとりまく環境の変化という外部的要因も含まれる。トップマネジメントはこのような内部的変化および外部的変化に相応した経営理念にもとづく経営行動が要請されるようになっているのである（古川栄一『同書』二〇―二一頁）。

企業の経営理念について著者は、日本学術振興会経営問題第一〇八委員会の委員長として、企業経営の理論的研究に取組み、一九六七（昭和四二）年以来企業の経営理念ならびに企業成長に関する理論研究と実証研究について幅広い共同研究をすすめた。『企業成長とトップマネジメントの役割』の中にはその研究成果の一端が発表されている。この種の研究の成果は、わが国の経営学界ならびに産業界にとって理論的かつ実践的な行動指針を与えたものといえる。

第六節　おわりに

これまで著者の学説の発展過程を追いながらその特徴を四つに区分し、その形成過程を代表する著書内容を概観してきた。それは、一つには、古川経営学の生成期を代表する著書『予算統制論』ならびに『経営比較論』、そして『経営計理論』（前編、後編）の三編、その二つは、教授の戦前のドイツ経営経済学研究から戦後のアメリカ経営学研究への転換期を代表する著書、『新経営者論』、『アメリカ経営学』、および『新経営者―経営者論の展開―』、そして『経営管理』の四編、その三つは、戦後におけるわが国経済・産業発展への理論的・実践的貢献を果たした著書、『内部統制組織』、『財務管理組織』と、その一〇年後にあらわした『財務管理』および『利益計画の立て方』の四編、そして四つめが、トップマネジメントの体系的理論の確立を代表する著作、『現代の経営学』、そして『企業成長とトップマネジメントの役割』の三編である。『安定成長の経

著者の研究題目は、上述のように一見多種多様にみえる。しかし経営学という一つの視座からみると、すべての著作内容は、一貫して経営学の部門管理から総合管理へと進む道程であるという点で整合性が保たれていることが理解できるのである。

今日では経営学、特に著者が研究開拓した経営財務論はめざましい進歩をとげている。一九五八年のモジリアニ＝ミラーの論文により、経済理論に基づく厳密な財務理論展開を行う考え方が主流となった[15]。さらにマルコビッツは投資家が期待効用を最大化するポートフォリオを選択するという平均分散分析モデルを提唱し、シャープ、リントナー、モッシンらによって市場均衡概念を取り入れた資本資産価格モデル（Capital Asset Pricing Model：CAPM）へと発展し、資本コストを現実の市場データから計算する理論的基礎となった[16]。

さらに、ブラック＝ショールズ、そしてマートンは株式の価格変動が幾何ブラウン運動に従うときのオプション・プレミアムの算出モデルを導き、派生証券の価格決定モデルなどに多大な影響を与えた[17]。彼らの理論は、そのほかにも企業の信用リスクモデルを精緻化することにも貢献し、リーランド＝トフトモデルの基礎にもなっている[18]。

設備投資評価の割引現在価値法は、始めに決めた金額で投資をして必ず将来のある時点までその事業を続けるという想定であった。さらにこの想定をより柔軟にし、いつ投資を開始するか、あるいは

最初は少額の投資をして、その後好調であれば追加的投資をしたり、不調であれば縮小・撤退するなどの選択可能な投資評価ができるオプション理論を応用して評価するリアル・オプションモデルが注目されている[19]。

経営学は企業を研究対象とする社会科学である。それは、部門管理と総合管理が密接につながり、そのバランスをとりながら成長と発展を続ける企業を研究対象とする。企業は、ひとたびそのバランスを崩せば、成長が滞り、最悪の事態となれば倒産にもつながっていく。

こうした現代的財務管理理論については、古川博士の財務管理理論のなかには具体的に組み入れられてはいないが、それは博士の指導を受けた後継者達によって引き継がれているのである。

古川栄一博士は、実に企業経営が成長し安定させる理論的かつ実践的な研究を四〇年以上にわたり続けられ、多数の優れた研究者を育成された。博士は戦前、戦後を通じ、わが国の高度経済成長期と安定経済期を通じて、経営学を理論と実践で支えた稀有な研究者の一人であり、わが国経営学研究の第一人者の一人であったことに議論の余地はないであろう。

（太田　三郎）

注

（1）古川栄一教授の年譜は次の文献を参考にした。『一橋論叢』第五九巻第九号六月号、一九六八年、一四二頁。

（2）「古川栄一教授退任記念号」「座談会、古川栄一先生を囲んで」『青山経営論集』第八巻第一号・二号合併号、一九六八年、二三六頁。

専攻研究を経営経済学に進まれた経緯について次のように述べられている。「(増地庸治郎)先生は、ドイツに学ばれまして、日本に帰って、初めて『経営経済学序論』という本を昭和元年になりますか、お書きになっております。それで、だんだん話を聞いていますと、実は商業学の発展として、ドイツでは経営学が発達しておるわけでありまして、いわゆる商業学の科学化という点から経営学を学ばれていまして、それはやっぱり私の専攻に案外かなったわけであります」と。

(3) 長谷川安兵衛「第一章　会計学の近代的革命」「第三節　予算統制は会計学なり」『予算統制の研究』森山書店、一九三〇年、九頁。

(4) 著者の卒業論文は『一橋論叢』第五九巻第九号第六月号、一四六頁を参照。

(5) 第二次大戦後の『予算統制論』の新版は一九四八年に、その改訂版は一九五二年に、増補版は一九六一年に森山書店より出版されている。

(6) 柴川林也「古川栄一先生と経営学」『青山経営論集』第八巻第一・二合併号(古川栄一教授退任記念号)、一九七三年、二二八頁。

(7) 同書、二二八―二二九頁。

(8) 古川栄一『財務管理組織』第五版、森山書店、一九五九年、四九四―四九五頁。なお、この部分は藻利重隆博士が「古川栄一著「財務管理組織を読む」」と題する寄稿論文を本書の「附録」として収めた文章で、その引用部分である。

(9) 古川栄一「企業における内部統制について―内部統制の大綱の説明―」『産業経理』一九五一年、七―一一頁。

(10) 通商産業省『経営における利益と統制―内部統制と利益計画の改定増補版―』一九六四年、六頁。

(11) 通商産業省産業合理化審議会『経営における利益と統制』(『内部統制と利益計画』(一九五六年)の改定増補版)日刊工業新聞、一九六四年、二―三頁。

(12) 通商産業省企業局編「経営方針遂行のための利益計画」『財政経済弘報』一九五六年、一四頁。

(13) 同書、三四頁。

(14) 同書、八頁。

(15) Modiliani, F. and M. H. Miller, "The Cost of Capital, Corporation Finance and the Theory of Investment," *American Economic Review*, Vol. 48, No. 3, 1958, pp. 261–297. Modiliani, F. and M. H. Miller, "Corporate Income Taxes and The Cost of Capital: A Correction," *American Economic Review*, Vol. 53, No. 3, 1963, pp. 433–443.

(16) Markowitz, H., "Portfolio Selection," *The Journal of Finance*, Vol. 7, No. 1, Mar., 1952, pp. 77–91. Sharpe, W. F., "Capital asset prices: A theory of market equilibrium under conditions of risk," *Journal of Finance*, 19 (3), 1964, pp. 425–442. Lintner, J., "The valuation of risk assets and the selection of risky investments in stock portfolios and capital budgets," *Review of Economics and Statistics*, 47 (1), 1965, pp. 13–37. Mossin, J., "Equilibrium in a Capital Asset Market," *Econometrica*, Vol. 34, No. 4, 1966, pp. 768–783.

(17) Black, F. and M. Scholes, "The Pricing of Options and Corporate Liabilities," *Journal of Political Economy*, Vol. 81, 1973, pp. 637–654. Merton, R. C., "Theory of Rational Option Pricing," *The Bell Journal of Economics and Management Science*, Vol. 4, No. 1, 1973, pp. 141–183.

(18) Leland, H. E. and K. B. Toft, "Optimal Capital Structure, Endogenous Bankruptcy, and the Term Structure of Credit Spreads," *The Journal of Finance*, Vol. 51, No. 3, 1996, pp. 987–1019.

(19) Dixit, A. K. and R. S. Pindyck, *Investment under Uncertainty*, Princeton University Press, 1994.

第六章　高宮　晋　経営組織の経営学的論究

——権限職能説の論理——

第一節　はじめに

一つの時代を画するものは何なのだろうか。そして、何によって一つの時代は乗り越えられ、次の時代が創りだされるのだろうか。時代を構成する「現実」は、常に変容し続ける。同様に「認識」（主体）も、常に一定の視座を固定的に保持し続けるわけではない。認識対象としての現実と、認識主体（の認識枠組み）は、相互に依存し相対的に変容する。認識対象としての現実の存在なくして、認識主体の認識作用は始まらない。と同時に、認識主体の認識枠組みなくして、現実を捉えることはできない。現実の中に何が見えるかはメガネ次第であり、何を見ようとするかによってメガネを換えなければならない。現実は認識に依存し、認識は現実に依存している。

とは言え、科学の方法は、何らかの形で認識から独立した「存在」というものを前提とする。認識主体の主観や恣意性を超越した知識を志向するからである。また同様に、対象から独立した「認識」

の可能性を前提とする。多様かつ変容し続ける現実を把握するためには、対象から独立した何らかの一般的・普遍的な枠組みを必要とするからである。ここに、存在論と認識論の相克がある。

経営学における理論と実践という契機は、このような存在論と認識論の相克に深く関わっている。対象としての経営現象に対して、どのような概念、概念枠組みを準備してアプローチするか。手段としての概念、概念枠組みを通して、対象としての経営現象の中にどのような論理（理論）と課題を認識しようとするか。そして、その論理を踏まえ、直面する課題（現実）に対してどのように関わろうとするのか（実践）。理論の世界と現実の世界、認識の領域と実践の領域は、それぞれ二重らせんのように絡み合って変容していく。これら二つの間の、依存と相克の展開である。

一　高度産業社会と経営現象

高宮経営学は、高度産業社会における経営現象の論理を明らかにしようとする[1]。経営現象に固有の問題を、その背景となる産業社会の文脈との関連で考察しようとするのである。

近代における産業社会の展開は、技術革新をトリガーとするテクノロジーの合理性を基礎とし、人間や人間関係に関する合理的な行動パターンや合理的思考様式をもたらす。技術的卓越性は社会秩序の形成・維持を大きく左右し、社会全体にわたり合理的生活様式を浸透させることになる。

また、経済的生活水準の向上は教育と相俟って、社会における各人の主体性や自律性発揮の欲求を覚醒させることになる。啓蒙された存在としての近代の個人は、社会全体あるいはその構成部分である多様な組織の中において、自律的存在として民主性を志向する。他方、多様な個々人の多様な能力を経営（組織）という場において引き出すためには、それなりの仕組みや仕掛けを必要とする。

さらに、資本主義の発展による経営規模の拡大は企業集中をもたらし、結果的に市場原理をゆがめ、さまざまな社会問題を生起させることになる。予定調和的に市場原理によって解消されると想定されたさまざまな問題が（これも幻想であるが）、経営内部の課題として自覚的に処理しなくてはならなくなったのである。いわゆる経営の社会性、社会的役割・責任という課題である。

高宮経営学の基本的前提は、以上のような近代社会の「合理性」、人間の主体性尊重の「民主性」、そして社会的存在としての経営の「社会性」という三つの基調から構成される文脈にある。このような基調は、産業社会の展開の中でもたらされるものであり、国境や文化、社会経済システムの違いを超え、さらには業種や業態を超えて、経営として普遍的な問題、共通の課題をもたらすのである。

このような、高度産業社会という文脈において生起する経営現象に関して、そこに見られる普遍の（組織）論理ともいうべきものを明らかにすることに、高宮経営学のねらいがある。

二　理論と実践

普遍的、一般的論理を認識することは、その先に普遍的モデルと眼前の個別現象とをどのように関連づけるかという問題をもたらす。具体的には、先行モデル（論理）を座標軸として、日本の経営の後進性を指摘、自覚するということである。あるいは、手本とすべき既存の先行モデルがない場合は、どのような先行モデル（仮説）を論理的に推論し、それと現状との間のギャップを埋めるかということである。あるべき望ましい状態と現状との間を、橋渡しすることである。いいかえれば、「理論と実践」というかかわりである。

理論に基づき実践が為される、と同時に実践（経験）から理論（経験的認識）がもたらされ、これに基づき進むべき方向性（実践）が理論的に示唆される。そして、このような現状と、あるべき望ましい状態との間のギャップを埋め、橋渡しする政策や戦略が採られることになる。実践とは、突きつめればこのような選択（をすること）に他ならない。

理論と実践は、二重らせんのように絡み合っている。高宮経営学は、具体的実践としての経営現象を理論的・体系的に解明しようとすると同時に、その実践的意味、具体的方策の理論的根拠を明らかにし、提示しようとする。高宮経営学には、常に、理論と実践というサブタイトルがついているのである。

以下、本章においては、高宮経営学の骨幹ともいうべき「経営組織の経営学的論究」に関して、その基本的な概念枠組みと論理を素描する。次いで、現実認識としての高宮経営学の「日本経営論」における説明概念と論理、そして基本的問題の所在を整理する。そして最後に、高宮経営学の中心ともいうべき「権限職能説」に関して、その現代的展開について考察する。

第二節　高宮経営学と組織論
——概念枠組みと論理——

テイラー（F. W. Taylor）とウェーバー（M. Weber）は、まったく異なる立場からではあるが、ほぼ同時期に経営現象の普遍的な顕在化に着目した。産業社会を組織社会と捉え、そこに見られる普遍的機能・役割としてのマネジメント（経営管理）に着目したのである。

組織という場において多くの人々の努力を結集して総合力を発揮するという協働において、全体を調整し方向づけるという機能と、その下で具体的な個々の作業や仕事を実施するという機能が、明確に識別されるという論理の認識である。経営管理（マネジメント）と実施作業（オペレーション）は、それぞれ独自の異なるものとして意識されるのである。このような経営現象、即ち経営管理機能、組織現象に対して、科学的にアプローチするということが経営学の出発点となる。多くの人々の努力を協働に結びつけるマネジメント機能をどのように理解するか、総合力発揮を可能にする場としての組織の仕組み（論理）とはどのようなものか、が問われるのである。

一　高宮経営学の組織論——経営組織の経営学的論究——

経営現象の中心問題は、大規模化によってもたらされる経営組織とそれを運用するマネジメント機能である。高宮経営学の中心に経営組織の経営学的論究が位置付けられ、その集大成の一つとも言うべきものが『経営組織論』（ダイヤモンド社、一九六一年）である。本研究は、アメリカ経営学のいわゆる管理過程学派・管理原則学派の影響を受けながらもそれらを凌駕し、その論理性、包括性においても一歩も二歩も抜きん出ていたと言われ、また、わが国の組織の近代化合理化の指針として企業および官庁で広く読まれ活用されたと評価されている。(2)

以下においては、『経営組織論』と、もう一つの主著『現代の経営』（ダイヤモンド社、一九七〇年）を中心に、経営組織の経営学的論究に関して、企業と経営の概念、マネジメント活動の枠組み、マネジメント活動組織化の論理、経営組織の構成原理を機軸に、そのエッセンスと思われるものを素描的に抽出してみよう。

二　企業と経営の概念

企業とは、経済事業体を主体の側から規定するときに用いられる概念であり、これに対し経営とは、企業における活動の具体的内容を取り上げるときに用いられる概念である。いうまでもなく、具体的活動は主体を離れてはありえない。その意味で、経営は企業を離れて存在することはできず、企業という主体の具体的活動が経営である。経営は具体的活動の側面から、主体としての企業の機能の側面に着目するのである。

企業という概念においては、主体としての目的や理念、ガバナンス関係が問題となり、経営という概念においては、経営要素の結合という機能や活動が問題となる。前者は経済事業体の制度的な側面を問題とし、後者は経済事業体の機能的な側面を問題とするのである。

三　マネジメント活動の枠組み

主体としての企業の目的、理念、ガバナンス関係は、具体的活動としてのマネジメントの枠組みを規定する。この具体的活動は組織化されており、組織体によって担われている。このガバナンス関係の下に、「経営という組織体」の目的、理念が規定され、それを実現するための政策、戦略が具体化されることになる。経営の目的、理念、政策、戦略は、経営という組織体によって創出され、実行される。これらの活動は、組織体それ自体の協働の形成、維持、発展をはかる活動と一体となって行われる。以上のように、経営という表現には、「具体的活動としての経営（マネジメント）」と「経営という組織体」という二つの意味がある。

経営における具体的活動はすでに触れたように、実施業務（作業あるいは執行）と、マネジメント（経営管理）に大別される。経営要素（その中でも特に多くの人々の人間活動）を合目的、効率的に結合するという活動が、個々の担当者が自ら執行する実施業務と異なるものであるという認識から、マネジメントが独自の活動（機能）として取り上げられる。多くの人々の実施業務を結合し、協働行為の槓杆となるものがマネジメントなのである。

経営という組織体の目的、理念、政策、戦略は、狭義のマネジメントを媒介として実施業務へと具現化される。この狭義のマネジメントは、組織、計画、調整、動機づけ、統制の機能から構成される。高宮経営学のマネジメント活動の枠組みは、主体としての経営にかかわる目的、理念、支配、政策、戦略（広義のマネジメント）と、その実現にかかわる組織、計画、調整、動機づけ、統制（狭義のマネジメント）が一体となって把握される。

四　マネジメント活動の組織化―経営管理体制の展開―

前述したように、実施業務（作業あるいは執行）とマネジメントが識別されることが経営学の契機となる。普遍的機能としてのマネジメントは、それが意識的に組織化されることで顕在化し展開する。高宮経営学においては、マネジメント活動の組織化は、執行体制、監督体制、経営管理体制への展開として、理念的な段階モデルによって説明される。

第一段階の執行体制とは、実施業務の執行活動を中心にマネジメント活動が構成される段階である。企業のマネジメント活動は、その初期の段階では執行体制をとるのが一般的である。ここにおいては、執行活動の権限がトップ（長）に集中し、長みずからが執行活動の先頭に立ち、指揮、命令、監督する。執行活動は長一人によって行われ、部下は長との対面的な関係で長の手足となってこれを補佐する。

このような集権的な執行体制は、経営規模の拡大につれて有効なものではなくなり、監督の適正範囲によって部門が編成され、あらかじめ仕事の委譲が行われることになる。しかしこの場合、仕事の委譲は行われるが、仕事を遂行する際の決定権限、指揮・命令権限は依然トップに集中しているのである。

第二段階の監督体制では、執行活動に関する長の決定権限が委譲され、下位に分散することで分権的な執行体制が展開する。経営規模の拡大、経営活動の複雑化とともに、仕事の委譲のみならず決定権限の委譲が必要になってくるからである。権限を委譲することで、長の執行活動に関する指揮・命令、監督という活動のうち、指揮・命令がなくなり、監督の活動だけが長のもとに残ることになる。

この監督という活動は、委譲した執行活動をチェックするという消極的性格のものである。この場合権限を委譲した長は、部下の活動の実体を必ずしも十分に把握することができるとは言えない。その意味で、このような分権的な執行体制は、人事権を基礎とする人的監督の体制である。監督体制は、経営規模の拡大に伴う部門割拠主義に対する総合管理の必要、長期的視点からのイノベーション競争への対処、経営の民主化に対応した人間の主体性の発揮・確立等を契機として、経営管理体制へと展開する。

第三段階の経営管理体制では、執行活動とマネジメント活動が明確に分化する。執行活動については包括的に委譲され、長の活動はマネジメント活動がその中心となる。すでに見たようにマネジメントは、組織、計画、調整、動機づけ、統制の活動からなるが、これらは、個々の執行活動に関する直接的な指揮・命令、監督と質を異にする。マネジメントは、執行活動に関する権限の委譲を前提として、執行活動そのものを全体として組織、計画、調整、動機づけ、統制するという積極的性格を持つのである。

それでは、このような普遍的機能としてのマネジメントは、具体的にどのような活動内容として理解されるのだろうか。マネジメント機能は一般に、経営管理機能、管理過程、あるいはマネジメント・サイクルとして、さまざまな論者によって、多様な整理がなされてきた。高宮経営学においては、マネジメント活動は、組織、計画、調整、動機づけ、統制の五つの活動として把握される。

まず、執行活動に関する権限を委譲するためには、個々の仕事の担当者の職務を規定して、その遂行に必要な権限を明確にする必要がある。その上で、個々の職務、権限の相互関係を合理的に編成するのである。ここに、執行活動を組織するという活動が現れる。

このような仕事の枠組みをつくった上で、個々の担当者が委譲された権限を行使する場合の方向と基準を、具体的かつ明確に示し周知させることになる。即ち、仕事の目標、方針の設定、具体的計画の策定である。

また、仕事を実際に遂行する過程では、不可避的に発生する意見の対立や異なる利害関係を調整する必要が生じる。さまざまな活動を一定の方向に統一し、あるいは時間軸に関して調整する活動である。

さらに、設定された組織、策定された計画は、担当者によって実現されねばならず、調整は効果を発揮しなければならない。それは、人間の主体性の重視という観点から言えば、被委譲者に対する指揮・命令ではなく、被委譲者みずから主体的に実行するように動機づけ、意欲喚起することによってなされる。

そして、権限委譲された執行活動は、その遂行が一定の計画や組織の方向に沿っているかどうかがチェックされる。当初設定された基準と実際の執行結果を比較検討し、差異分析を行い、必要な是正措置を講ずることで執行活動が統制されるのである。

五　経営組織の構成原理

経営における活動の実体的内容、即ち調達、製造、販売などの一連の諸活動は、意識的構成体である経営組織によって担われる。経営組織とは、経営目的を達成するために統合され、秩序づけられた複数の人間活動の体系に他ならない。ここで、人間の集団ではなく人間活動の面に着目するということは、人間を、仕事即ち職能を媒介的契機として捉えることである。経営目的を達成するために何を為すべきかということは客観的に規定されるが、これらの仕事は個々の人間によって担われることで、初めて人間活動として具体化するからである。

仕事を人と結びつけることで職務が規定され、そして職務を遂行する義務としての責任、さらに責任に対応して職務を遂行する権利としての権限が規定される。この意味で経営組織は、仕事を中心とした人間の組織であり、職務の体系である。このように考えるならば、経営組織の問題の核心は、経営目的を達成するために職務を規定し、責任と権限を明確化し、これらの諸関係を合理的に編成し運営していくという問題に帰着することになる。

六　座標軸としての「権限職能説」

それでは、複数の人間活動の体系はいかなる原理のもとに構成されるのだろうか。人間活動の秩序づけや統合は、何にもとづいて行われるのだろうか。高宮経営学は、組織を職務の体系ととらえ、その構成原理を職能説とする立場に依拠する。前述からもわかるように、目的達成のための仕事がこの出発点になる。目的と結びついた仕事・機能、即ち職能を基礎として、経営組織は構成されることになる。経営目的に向かって個々の職能を配分し、統合することで形成される職能関係こそが、権限による強制力や受容の恣意性に対し客観的な基準を提供するからである。

組織が生成・発展する段階では、職務体系の展開は委譲の論理によって擬制的に説明される。経営の仕事の拡大、複雑化は、新たな人間の雇用を必要とし、これに対して仕事の一部を委譲することによって対応しようとする。このような委譲の連鎖によって組織は拡大し、職務体系は形成されることになる。委譲者、被委譲者の関係は、通常、上司、部下の権限（責任）関係の問題として現れる。

上司、部下の権限（責任）関係の発生、いいかえれば権限の源泉については、三つの見解に整理される。

第一は、前述した委譲の論理であり、委譲者から被委譲者、いいかえれば上司から部下に対して、上司の権限の一部が委譲されることによって、部下の権限が発生するという見方である（権限上位説、法定説）。これによれば、上位者から下位者への権限委譲によって組織は形成され、職務体系は権限委譲の系列ということになる。最終的な権限の源泉は、組織のトップに在ることになる。

第二は、第一の見解と正反対の視点に立つものであり、部下が上司の指示・命令を受け容れ、それを実際の行動に移すことによって始めて、上司の権限が発生するという見方である（権限受容説）。上位権限はあくまで擬制であり、権限は下位者の受容によって現実のものとして機能する。上司の権限の範囲は、その部下の受容の範囲によって左右されるのである。

第三は、職能（仕事）を中心に権限関係をとらえ、権限の源泉が職能にあるとする見方である。第一の見解である委譲の論理は、組織の生成・発展段階では現実に妥当するといえる。しかし、物事の論理は、その生成の過程で見られるものというよりも、その生成の過程が十全な形で展開した段階において捉えられるべきものであろう。職務体系の展開論理は、その展開過程よりも、展開した段階あるいは展開の方向性の中にこそ見出すべきものである。その意味で、職務体系の展開は、委譲の論理ではなく、組織計画にもとづく職務の体系的配分と人間の体系的配置によって成されるのである。これによって、上司による恣意的な権限行使（強制力）という問題を克服することになる。また、第二の見解の受容説は、個々の従業員の視点から権限関係を見ているが、組織全体の観点からの考慮が軽視されている。確かに個々人の受容は有意義な着眼点であり、個々人の受容を背景として権限関係は実効的なものとなる。しかし、組織全体という観点に立てば、個々人の恣意性を乗り越える何らかの強制力の行使やその根拠が不可欠となる。このような受容の恣意性を克服するものが、職能なのである。

職務体系の中において、個々人はそれぞれ分担した職能を有している。権限とは、職能（仕事）を基礎とし、これを組織内において公に遂行しうる権利に他ならない。権限の行使に際しては、行使する側、行使される側、いいかえれば上司、部下双方が、その正当性を理解しなければならない。その根拠となるものが職能なのである。職能を基盤とする権限によって、組織は構成される。組織構成原理の基盤は職能を基礎とする権限であり、権限を根拠づける実体はまさに職能なのである。

七　経営組織の構造―職務体系の分化と統合―

職務の規定と職務相互関係の編成は、職能の分化と統合によって行われる。経営組織の構造は、職務の分化と統合によって形成される。このような分化には、仕事の種類による分化と階層による分化の二つの次元がある。水平的分化と垂直的分化である。

仕事の種類による分化には、単位的分化、過程的分化、要素的分化、部面的分化の四つの形態を識別できる。

単位的分化とは、仕事の統一性が保持されたまま分化されるもので、仕事自体の細分化を行わず、担当者はそれぞれ皆同じ仕事をする場合である。仕事を、地域別、あるいは製品種類別に分ける場合のように、経営活動の統一性が保持されている。

過程的分化とは、仕事の循環的過程の段階に即して分化される場合である。経営活動は、例えば調達、製造、販売という循環的過程をとるが、この過程的段階に即して仕事が分化される。ここでは、分化された活動あるいは部門は、依然経営活動の目的達成に直接結びついており、それ自体の経営管理に関しては統一性が保持されている。

以上の単位的分化、ならびに過程的分化による部門化によって、いわゆるライン部門が形成されることになる。

要素的分化とは、仕事を構成する要素に即して分化される場合である。仕事を個々の構成要素に分けることから専門的分化が可能になる。個々の要素に即して、同質の仕事が専門化するのである。これによって、仕事は部分化、特殊化し、そして経営管理に関する統一性が分解される。と同時に不可避的に、分化された仕事相互の関係は多角化し、複雑化する。したがって、これらの諸関係を意図的意識的に規定する必要性がでてくる。この要素的分化（専門的分化）によって形成される部門が、いわゆる専門スタッフ部門である。

部面的分化とは、仕事の部面ないし局面に即して分化される場合である。マネジメント活動は、組織、計画、調整、動機づけ、統制という諸局面を持っているが、これらの特定の局面を分化することで部面的分化が発生する。マネジメント職能は活動として一体化しており、これを分解することはできない。あくまでこれらの部面を局面的に引き出して職能分化し、専門化し、マネジメント職能を補完するのである。このような補佐的職能の分化により、仕事の相互関係はさらに複雑微妙なものになる。この部面的分化によって形成される部門が、管理スタッフ部門である。

以上のような仕事の種類による水平的分化に対し、垂直的分化は、監督の適正範囲という基準と、マネジメント職能の階層的分化に基づいて形成される。前者は、直接監督の範囲という量的基準をもとに監督の階層を形成するという論理である。階層分化の中心は、後者のマネジメント職能の職能分化にある。経営における具体的活動は、まず実施作業とマネジメント（経営管理）に分化し、両者の間に階層分化を生じる。その上で、後者の中に質的な分化が展開するのである。

すでに見たようにマネジメント職能は有機的一体をなしており、これ自体を分解することはできない。この場合の分化とは、マネジメント職能を一体として、基本的経営管理、全般的経営管理、部門的経営管理、現場管理の、それぞれの次元に対応し、それぞれの職能を階層分化することによって展開するのである。

第三節　高宮経営学における日本経営論

一　経営課題の認識と変遷

現実かつ具体的対象としての日本の「経営」を、高宮経営学はどのように捉えていたのだろうか。克服されるべきものとして、どのような課題を認識していたのだろうか。[3]

高宮経営学の前史としては、『企業集中論』（有斐閣、一九四二年）がある。これは組織の時代における企業集中を企業の結合と支配の高次の発展段階と捉え、その論理的必然性と歴史的展開過程を明らかにしたものであるが、高宮経営学としての本格的展開は一九四五年以降と言えるだろう。[4]

いわゆる一九四五（昭和二〇）年以降の昭和戦後期において高宮経営学は、日本の経営の現実的課題を直視・解明し、アメリカ経営学の積極的摂取によって、それに対する具体的提言を行ってきた。このような課題は、いうまでもなくその時々の日本経済と企業の動向に対応して変遷する。戦後の激動と経済復興が一段落した昭和三〇年代以降、経営課題の流れと変遷は大きく三つの段階に整理される(5)。

第一は、昭和三七年から四一年前後にかけての期間であり、高度経済成長の波に乗り設備能力を増大させていたが、同時に自由化による国際競争に迫られた時期である。ここでの課題は、オーソドックスな経営の近代化・合理化であり、その積み重ねによるコスト・ダウンであった。第二は、昭和四二年から四六年前後の期間であり、日本の経営は国際競争力を高めたことにより一定の評価を獲得し海外から注目されるようになる。ここでの課題は、量的拡大を為し遂げてきた日本の経営に関して、改めて経営における人間性の回復、経営の社会性が指摘されている。そして、第三は、昭和四九年から五二年前後の期間であり、それまで一本調子に量的拡大をしてきた日本の経営に質的転換を迫る時期である。「成長戦略から転換戦略へ」さらに「環境適応システム」の確立が、日本の経営の進むべき方向として指摘されている。

二　基本的問題意識

このような経営課題の認識にある基本的な問題意識は、「現段階に於ける日本経済はその封建制を払拭して近代的資本主義を確立する事を第一次的課題とする」（「社会化における問題点」『経営評論』第一巻第五号、一九四六年）という表現にみることができる。即ち、この時点での客観的条件からみて、生産の社会化によって民主化が実現し、これを通して合理化が実現されると指摘している。

そして、最終的には「わが国における合理化の根本的限界は、その主体的精神の面に存在する。即ち、経済人における合理的精神の欠如、これである」（「合理化の限界とその打開」『石炭評論』第二巻第二号、一九五〇年）という強い表現に集約されている。そして、経済あるいは経営のすべての領域に対して合理的な科学的方法を適用することは、その適用が可能でありかつ望ましいという規範的判断を伴って始めて具体化される。このような根本的なものが欠如しているが故に、日本経済の合理化に関して救い難い袋小路に陥っているのであると指摘している。高度経済成長期はるか以前のこのような基本的問題意識は、高度経済成長期、それ以降のバブル期、そしてバブル崩壊以降の今日に至るまで大きくのしかかっていると言えよう。

三　サクセス・ストーリーとしての日本の経営

一九四五年以降日本の経営は、復興から高度経済成長、成熟の時代へと未曾有の激変と成長の時代を経て、大きな転換の時代を迎えた。戦後ほぼ四〇年にわたりその歴史とともに、高宮経営学は日本の経営近代化のために指導的な役割を果たしてきた。(6) 昭和三〇年代から四〇年代の高度経済成長に伴い、日本の経営はサクセス・ストーリーとして語られるようになり、海外からも注目されるようになる。このような要請に応じて日本から情報発信された日本経営論とも言うべきものが、「日本経営の特質と最近の動向」（『組織科学』第四巻第一号、一九七〇年）である。これは第一五回世界シオス大会（昭和四四年、東京で開催）で発表されたものである。

これによれば、日本に高度経済成長をもたらしたものは日本の経営であり、その経営力であると指摘されている。では、その経営力とは如何なるものなのだろうか。これによれば、日本の経営特質として、終身雇用制、年功制、集団的経営、集団的モチベーション、集団的意思決定等が取り上げられている。そして、集団性を基礎とする経営力は不断の経営成長を行ってゆく内的衝動力を持ち、これが高度成長をもたらしたと説明している。

あらゆる特質は、機能的側面と逆機能的側面を併せ持つ。日本の前近代的特質とも言うべきものが、機能したということはどういうことなのか。伝統的特質によってサクセス・ストーリーが語られるということは、どのように説明されるのだろうか。また、ネガティブな側面はどのように克服され、顕在化しなかったのだろうか。

四　日本経営論―その概念と論理―

以下では、前述のシオス論文と、それからほぼ一〇年後に執筆された日本経営論（「第二部　日本的経営論」『現代経営とは何か―理論と実践』マネジメント社、一九八〇年）を手掛かりに、高宮経営学における日本経営論の記述概念と説明論理を明らかにしてみたい。

（一）個人と組織のパターナリスティックなかかわり

現実の経営現象は「日本の伝統的特質」といわれるものと、経営の近代化の努力の、相剋と統合として現れてくる。概括すれば、明治・大正期には近代技術を導入するという近代化、そして昭和戦後期は経営そのものの近代化、即ちアメリカの経営管理の原理・手法を導入することにその中心があった。

日本の伝統的な社会制度を捉える概念の一つが、パターナリズム（家父長制）である。家父長的な家族制度の理念が、日本の企業の経営理念の基礎となり、企業を「家」と擬制し、社長は家父であり従業員は彼の家族であるという意識である。このような意識を、経営という場で支え強化する具体的仕組みが、終身雇用制、年功制という概念で記述される。

個人と組織とのかかわりという観点からすると、いわゆる終身雇用制の下では、個々人にとって雇用の安定というレベルの欲求が充足されることになる。雇用の保証は、個々人の組織に対する忠誠心を涵養し保持することになる。他方、組織の側からすると、組織に対する忠誠心をベースに、長期的な観点から個々人の顕在的、潜在的能力の開発を可能にする。組織という場において、個々人から最低の努力以上の努力を引き出すことを可能にするのである。

しかし、このような機能的側面と裏腹に、終身雇用制は経営の弾力性を阻害することにもつながる。過剰雇用の問題を避けられないからである。実態としては、終身雇用制は大企業を中心とした慣行であり、常庸工を中心とするものであった。中小企業や臨時工の存在によって、大企業の終身雇用制は維持されたのである。(『現代経営とは何か―理論と実践』一九五頁)また、過剰雇用の問題は、豊富な労働力と低賃金という条件下では、経営の成長・拡大によってカバーされ顕在化しにくいものとなる。即ち終身雇用制は、経営の不断の成長を促進しかつ必要とするのである。

(二) 組織運用にみられる集団主義

終身雇用制の下では、共同意識が形成・保持され、集団意識が高揚される。場としての集団の秩序は、例えば年功序列制によって保たれる。年功制は能力(実力)主義的な人事評価と対比されるが、年功そのものは経験による能力を意味するから、年功制もある意味で能力を反映している。安定した環境下では、従業員個々人の競争的能力発揮の総和よりも、集団的モチベーションの方が全体としての経営に対する貢献が高かったと言えよう。

日本の経営では、個々の従業員の能率をモチベートするよりも、集団としてのモチベーションが強調される。能力主義による一部の抜擢人事は、全体としての集団のモラールを低下させることになるからである。いうまでもなく、この帰結は個々人の責任をあいまいなものにし、責任の所在そのものをわかりにくくする。しかし、必要な能力は発揮されなければならない。実力を持つ有能なメンバーは、個人としてではなく、あくまで集団の一員であるという集団意識の下で、集団主義的組織運用の枠組みの中で、その能力を発揮するのである。

組織運用における集団主義的運用が、集団的意思決定という概念で把握される。日本の経営の特質としての集団性は、パターナリズムの権威主義とからみあっている。戦後その権威主義的な側面が否定されたことで、集団的な側面が強くなってきたと指摘されている。(『現代経営とは何か─理論と実践』二〇三頁) 即ち、上からの権威主義的な指示命令に代わるものとしての集団主義的なボトムアップの傾向が出てきたのである。集団のリーダーは、ボトムアップを促進し、それをまとめるという調整型リーダーの役割を果たすことになる。

このような集団的意思決定の具体的在り方が、稟議制度といわれるものである。この制度では、まず決定すべき事項は下位者(担当者)が発案し、上位者に上申して決裁をうける。そして上申内容は関連する関係部門・職位に回議され、一定の手続きによって、確認され記録されるのである。稟議制度は、個々の職位の決定権限があいまいにされたまま、全体が集団として意思決定に関与するという、集団的意思決定である。

経営規模の拡大とともにこのような方法は非能率となり、意思決定が遅延することになる。官僚化による繁文縟礼によって、逆機能の側面が拡大するからである。顕在化する問題点と反省を踏まえ、手続きの簡略化・能率化が工夫され、稟議制度そのものの実態も変質していくことになる。とはいえ、関係者間のコンセンサス、事前のインフォーマルな調整とコンセンサス形成、そして関係者間の情報と意識の共有を重視するところに集団的意思決定の機能論理がある。

(三) 組織の主体性とガバナンス

日本の経営の機能論理、いいかえれば日本の経営のサクセス・ストーリーは、組織としての主体性発揮を可能にしたガバナンス条件の存在によってもたらされたものである。ここで言う主体性とは、組織が組織それ自体の論理を追求するという意味であり、逆にいえばステークホルダーからのチェックやガバナンスが欠如していたということである。トップとしての経営者の主体的判断の内容は、さまざまな視点から評価される。このような経営当事者の判断の具体的内容の成否とは別の次元で、法人格としての組織の存続が重視され確保されるという論理である。たとえ経営に失敗しても、集団意識を持った有機体としての組織を何らかの形で存続させようとする社会的な仕組みである。

高度経済成長期の日本の経営のサクセス・ストーリーは、大企業における所有と経営の分離による「専門経営者」の存在によって説明される。戦後の財閥解体により株式が広汎に分散し、大株主、機関投資家が無機能資本家となることで、経営者は株主のガバナンスから大きなフリーハンドを得ることになったのである。専門経営者は、経営者としてその専門能力の発揮、受託経営者として受託した権限の行使に、実質的に大きな裁量が与えられたのである。

また、経営と政府との関係において、監督官庁の役割は、戦前・戦中の反省から、自由経済の舞台を形成・維持する役割に限定され、基本的に企業の自主的活動や主体性発揮が尊重された。やむを得ない場合以外は、政府は介入しないという立場であった。いわゆる行政指導と言われたものは、直接的統制ではなく、内面的、インフォーマルな指導であり、個々の経営の主体性に下駄を預けるものであった。このような、どちらかと言えばあいまいで不明確な官と民の役割分担は、「日本株式会社」という指摘を受けることになる。民と官のこのような協調的関係は、日本社会全体の集団主義的意識がその根底にあると言えよう。別の視点に立てば、これは民と官の癒着といわれるものに他ならい。

主要なステークホルダーとしての株主のガバナンスの欠如、行政当局による間接的な行政指導は、専門経営者の主体性発揮とともに、組織の論理の追求を可能にした。この帰結が、日本の経営のサクセス・ストーリーといえよう。しかし、組織の論理、経営の論理の無制約ともいえる追求は、政府の無為無策とともに、さまざまな社会的問題をもたらすことにもつながってきたのである。

五　サクセス・ストーリーの裏側―残された課題

高度経済成長をもたらした日本の経営というサクセス・ストーリーの裏側で、残された課題も多い。日本的特質の逆機能的側面についてはすでに断片的に触れたが、日本の経営に対する次のような冷静な総括は、看過することができない。

「本来ならば、経営が非常に優れていたから、高度成長が結果したのであるといわなければならないのであるが、いま率直に、われわれが反省してみると、高度成長は、日本の経営の犠牲において達成されたという面が多分にある。」（「日本の経営」『経営』一九六七年一月）

日本の高度経済成長は、技術力、経済政策のおかげであるが、同時に「経営」の弱体化、犠牲のもとに為されてきたという指摘である。具体的には、財務構成の不健全さ、低い収益率、あるいはマーケット・シェア重視という傾向に顕現化する。

また、集団主義的な威力は、環境条件の好意性とともにその強みを発揮してきたが、失敗の真の原因、責任追及を回避するという無責任体制をもたらした。そして、ガバナンスの欠如とともに集団と集団との間で、いわゆる過当競争が展開されてきたのである。

第四節　むすびにかえて

――権限職能説の論理――

一　必然の認識、必然の選択

理論と実践の相克は、必然の論理によって乗り越えられる。認識主体は、対象としての現実の中に何らかの必然の論理を洞察しようとする。科学の方法は、このような知的営為の代表的手続きに他ならない。そしてそれを踏まえて、実践主体として何らかの打ち手、即ち政策・戦略を選択する（実践）。実践的課題に対して適切かつ有効な選択をするということは、直面する現実の中に必然の論理を見出し、それに基づき必然の選択をすることに他ならない。このような実践としての政策・戦略の選択が、現実の内在論理にどこまでフィットしていたかということで、最終的に、その妥当性、成否が検証されることになる。

問われることとは、必然の論理についての認識の妥当性であり、打ち手としての実践の妥当性である。いいかえれば、必然の論理の認識と必然の論理の選択（実践）ということになる。

このような必然の論理は、多くの場合事後的に自明なものとなる。事後的に自明となることを、いかに事前に洞察するか。後知恵で当然のことと認識されることを、どのように先知恵（先見の明）に結び付けるか。これは、認識を仕事とする研究者にとっても、実践を仕事とする経営者にとっても共通の課題である。

では、このような必然の論理、必然性に、われわれはどのように接近するのだろうか。現実の中の必然性に関する知識の増大は、選択の際の不確実性を減少させる。一般に、知識や情報の蓄積は不確実性を減少させ、当事者の選択肢を明確化すると同時に、選択の幅を限定することになる。必然の論理に近づくことで選択の範囲は狭められ、選択肢の数は減少するからである。そして、不確実性の減少は、観念的には最終的に、当事者を選択の余地がない状態に置くことになる。誰が当事者になっても、これ以外の選択肢はないという状態である。

二　権限職能説とフォレット

権限職能説の代表的論者の一人であるフォレット（M. P. Follett）は、恣意性の克服という観点から、「状況の法則（the Law of Situation）」という概念を提示している。(7) 権限職能説の論拠は、権限の正当性は職能にあるということであり、関係当事者の主観的な状況認識や恣意的な選択は、職能を客観的な基礎とすることで乗り越えられると考えるのである。

即ち、上司の命令を非人格化（depersonalize）し、その上で現実的には再人格化（repersonalize）することになるのだが、関係当事者が直面する状況について共通認識（必然の論理）に到達し、それに基づき選択するということである。上司ではなく状況の命令に従うということ、状況そのものが為すべきことを示唆するという見解は、やや事後的な一般化とも言えなくはない。しかし、個別の状況が要求することはまさに必然の論理であり、それ以外の選択の余地がないということである。状況の要請する必然の論理にそぐわない選択は避けるということになる。

三　サブシディアリティと権限職能説

権限職能説と同じような発想をより幅広い文脈から取り上げているものとして、政治哲学、政治理論におけるサブシディアリティ（subsidiarity）の考え方がある。ハンディ（C. Handy）は、アメリカ合衆国憲法、ローマ教皇の回勅を引用しながら、連邦国家型組織の機能原理としてこの概念を整理している。(8) これによれば、組織における権限は、本来的に各構成単位に属するものであり、上位組織（中枢）にあるのではない。また、権限委譲は各構成単位から上位組織に対して行われるのであり、その逆ではない。即ち、権限移譲は上から下へ行われるのではなく、下から上へ行われることになる。

ハンディは規範論の立場から、上位組織は下位組織権限を奪うべきではなく、当事者から責任を取り上げてはならないと主張している。組織の各構成単位、そして各構成メンバーには、それぞれ自律的権限が固有のものとして存在しているのであり、上位組織はそれを尊重しなければならない。上位組織の権限は、下位組織がその権限の一部を委ねることによって発生する。上位組織の存在意味は、下位組織に奉仕することにある。各構成単位がそれぞれの裁量的権限を行使し、その責任を全うしようとする際に、上位組織でなければできない役割、即ち調整、助言、支援・促進の役割を果たすことに、その存在意味があるのである。

高宮経営学における座標軸ともいうべき権限職能説は、経営学の領域を超えた多様な文脈において、そして時代を超越して、その必然の論理を共有している。

高宮経営学は高度産業社会における経営現象の論理を、経営組織の経営学的論究という視点から解明しようとした。理論的、体系的解明とともに、その実践的意味、具体的方策の理論的根拠を提示しようとした。そこには常に、理論と実践の相克と統合が見られるのである。

（鎌田　伸一）

注

（1）高宮晋（一九〇八－一九八六）の学問的業績の全体像については、次の全二巻の著作集が手掛かりとなる。
高宮晋『現代経営の展開』（現代経営学と組織論第Ⅰ巻）ダイヤモンド社、一九八七年。
高宮晋『経営組織論』（現代経営学と組織論第Ⅱ巻）ダイヤモンド社、一九八七年。

（2）三戸公「組織理論とビューロクラシー――高宮晋に関説しつつ組織理論の回顧・評価・展望――」『組織科学』第二〇巻四号、一九八七年、三三－四三頁。

（3）本節は、特に断りがない限り著作集の第Ⅰ巻に基づいている。

(4) 岡本康雄「高宮晋〈現代経営学と組織論〉出版によせて」前掲著作集第Ⅰ巻、三―四頁。

(5) 土屋守章「第二章　経営課題の変遷」（解題）前掲著作集第Ⅰ巻、六八頁。

(6) 鳴坂収「第三章　日本の経営」（解題）前掲著作集第Ⅰ巻、一五五頁。

(7) Follett, M. P., *Dynamic Administration* (Fox, E. M. & L. Urwick ed.), London, Pitman Publishing, 1973, p. 29.（米田清貴・三戸公訳『組織行動の原理』未来社、一九七二年、八三頁。）

(8) Handy, C., *The Age of Paradox*, Boston, Harvard Business School Press, 1994, pp. 133-148.

『経営学史叢書　第XIII巻　日本の経営学説Ⅰ』執筆者

小笠原英司（明治大学　経営学史学会理事長　巻責任編集者
まえがき・序章）
小松　章（武蔵野大学　経営学史学会会員　第一章第一節）
故河野大機（東北大学名誉教授　前経営学史学会会員　第一章
第二節）
海道ノブチカ（関西学院大学　経営学史学会理事　第二章）
平田光弘（中央学院大学　経営学史学会会員　第三章）
岡本康雄（東京大学名誉教授　経営学史学会会員　第四章）
太田三郎（千葉商科大学　経営学史学会会員　第五章）
鎌田伸一（元防衛大学校　経営学史学会会員　第六章）

経営学史叢書XIII
日本の経営学説Ⅰ

平成二五年五月三一日　第一版第一刷発行

検印省略

経営学史学会監修
編著者　小笠原英司
発行者　前野　弘
東京都新宿区早稲田鶴巻町五三三
発行所　株式会社　文眞堂
〒一六二-〇〇四一
電話　〇三-三二〇二-八四八〇
FAX　〇三-三二〇三-二六三八
振替　〇〇一二〇-二-九六四三七番
印刷　モリモト印刷
製本　イマヰ製本所

http://www.bunshin-do.co.jp/

ISBN978-4-8309-4743-8　C3034

経営学史学会監修『経営学史叢書　全14巻』

第Ⅰ巻　テイラー
第Ⅱ巻　ファヨール
第Ⅲ巻　メイヨー＝レスリスバーガー
第Ⅳ巻　フォレット
第Ⅴ巻　バーリ＝ミーンズ
第Ⅵ巻　バーナード
第Ⅶ巻　サイモン
第Ⅷ巻　ウッドワード
第Ⅸ巻　アンソフ
第Ⅹ巻　ドラッカー
第Ⅺ巻　ニックリッシュ
第Ⅻ巻　グーテンベルク
第XIII巻　日本の経営学説Ⅰ
第XIV巻　日本の経営学説Ⅱ